L'amour de Mozart
une paire de ciseaux
auront suffi à précipiter
la réalisation par Lotte Reiniger
de l'un de ses plus grands chefs-d'œuvre.
Voici, dans l'ordre d'entrée en scène,
quelques airs majeurs des *Noces de Figaro*,
de *Don Juan*, de *Cosi fan tutte*,
de *la Flûte enchantée*.
Musique : Wolfgang Amadeus Mozart.
Livrets : Da Ponte, Schikaneder.
Décors et costumes : Lotte Reiniger.

La vendetta, oh la vendetta! Non so più cosa son,

Suzanna, il ciel vi salvi   Voi che sapete che cos.

Fermatevi...   sentite...   sortire ella non può

Che soave zeffiretto questa sera spirerà...

Bibliothèque Publique d'Embrun

a faccio... Suzanna, tu mi sembri agitata te confusa

amor   Venite, inginocchiatevi : restate fermo lì

Vedrò mentre io sospito, felice un servo mio!

Il biglietto...   Eccomi a'vostri piedi...

Ah... soccorso!.. son tradito!.. Ah chimi dice mai

Là cidarem la mano, là mi dirai di sì...

Deh vieni alla finestra, o mio tesoro

Non mi dir, bell'idol mio, che son io crudel conte

el barbaro dov'è... Madamia, il catalogo è questo...

Batti, batti, o bel Masetto; la tua povera Zerlina...

Mi tradi quell'alma ingrata...

Pentiti, cangia vita : E l'ultimo momento!

Ah, guarda, sorella, se bocca più bella...

Di pasta simile son tutti quanti...

Ah, che tutta in un momento si cangiò la sorte mi...

Un contratto nuziale!   Ah signor, son rea di morte

Smanie implacabili che m'agitate...

Alla bella Despinetta vi presento, amici miei...

E nel tuo, nel mio bicchiero si sommerga ...

Te lo credo, gioia bella, ma la prova far non vo'.

Zu Hilfe! Zu Hilfe! Sonst bin ich verloren...

He Sklaven! Legt ihr Fesseln an!

Alles fühlt der Liebe Freuden... Ach, ich

Ein Mädchen oder Weibchen wünscht Papageno si

Ich kann nichts tun als dich beklagen...

Er ist's. Sie ist's! Ich glaub es kaum!

l's, es ist verschwunden, ewig hin der Liebe Glück!

Pa-Pa-Pa-Pa-Papageno! Pa-Pa-Pa-Pa-Papagena!

M ichel Parouty est né en 1945. Diplômé d'études supérieures de philosophie, licencié ès lettres, diplômé de musicologie, il commence sa carrière de journaliste en 1979 à *Opéra international*, après un détour par l'enseignement. Membre permanent de l'équipe de la revue *Diapason-Harmonie* depuis 1986, il a collaboré à diverses publications françaises et étrangères parmi lesquelles *l'Avant-scène Opéra, l'Alphée, Monsalvat, Opéra Canada, Scènes magazines, Acte I Magazine, l'Événement du jeudi, la Tribune de Genève*. Co-auteur du *Guide de la musique symphonique* paru chez Fayard en 1986, il vient de publier une *Traviata* aux éditions Aubier-Montaigne.

9278
MOZ
PAR

11060

ACHETÉ EN 1989
GRACE A UNE SUBVENTION
DU MINISTÈRE
DES AFFAIRES
CIVIQUES ET CULTURELLES
DE L'ONTARIO

Tous droits de traduction et d'adaptation réservés pour tous pays
© Gallimard 1988

Dépôt légal : octobre 1988
Numéro d'édition : 44520
ISBN 2-07-53063-9
Imprimé à la Editoriale Libraria, Trieste, Italie

MOZART
AIMÉ DES DIEUX

Michel Parouty

DÉCOUVERTES GALLIMARD
MUSIQUE

Ce 27 janvier 1756, une neige fine tombe sans discontinuer sur Salzbourg. Dans sa maison, située au 9 de la Getreidegasse, Leopold Mozart tourne comme un ours en cage. De la chambre lui parviennent, étouffés, des bruits de pas et des chuchotements : Anna Maria, son épouse bien-aimée, est en train de mettre au monde leur septième enfant... C'est un garçon. Il s'appellera Wolfgang.

CHAPITRE PREMIER

UN ENFANT PRODIGE CHEZ LES PRINCES D'EUROPE

La légende est tenace. À cause d'elle, lorsqu'on évoque le nom de Mozart, on pense d'abord à un enfant fragile, poudré, aux allures de bibelot. C'est oublier le petit garçon rieur qui, avant d'aller se coucher, debout sur sa chaise, chantait à son père *Oragnia figatafa*.

S alzbourg à l'époque de Mozart : une principauté d'une dizaine de milliers d'habitants.

Quand naît Wolfgang, Leopold a trente-sept ans. Issu d'une famille de relieurs d'Augsbourg, il a choisi la musique : d'abord au service du comte de Thurn et Taxis, il devient, en 1743, quatrième violon dans l'orchestre du prince-archevêque von Firmian, puis compositeur de la cour, et enfin vice-*Kapellmeister*, vice-maître de chapelle. Sa production est abondante : une musique fonctionnelle, bien charpentée et d'un agrément certain, mais qui ne suffit pas à lui apporter la gloire. Inattendue, mais durable, la notoriété lui vient grâce à une méthode de violon (publiée en 1756, l'année de la naissance de Wolfgang) qui fera longtemps référence. Pendant quarante ans, Leopold Mozart demeurera fidèle à ses devoirs, tout en déplorant souvent l'ingratitude de ses maîtres.

❝ Leopold était tout simplement un personnage moyen. Denué de génie, il ne l'était pas de tout mérite et la méthode de violon qu'il a laissée, ainsi que certaines sonates d'église, montrent assez de quelles fortes aptitudes pédagogiques les premières études de Wolfgang durent recevoir l'empreinte. Quant à la mère [...], enjouée, d'humeur égale, naïvement imaginative [...], elle apparaît passive, plutôt superficielle, et les témoignages de ses enfants ne nous aident guère à mieux la définir. ❞

Emmanuel Buenzod.

En 1747 Leopold épouse Anna Maria Pertl, fille de fonctionnaire : un couple qui restera solide malgré les séparations et les deuils. Car, si Wolfgang est leur septième enfant, des six autres, seule Maria Anna, surnommée Nannerl, a survécu au manque d'hygiène et aux conditions sanitaires précaires qui sont le lot des nouveau-nés du temps. Lorsque son frère vient au monde, elle a quatre ans et demi.

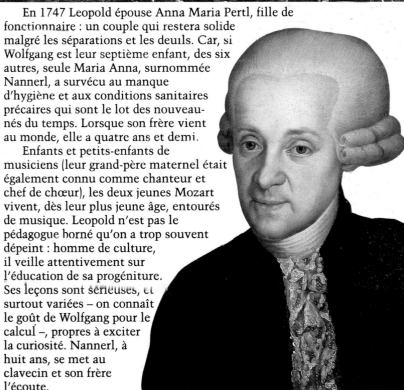

Enfants et petits-enfants de musiciens (leur grand-père maternel était également connu comme chanteur et chef de chœur), les deux jeunes Mozart vivent, dès leur plus jeune âge, entourés de musique. Leopold n'est pas le pédagogue borné qu'on a trop souvent dépeint : homme de culture, il veille attentivement sur l'éducation de sa progéniture. Ses leçons sont sérieuses, et surtout variées – on connaît le goût de Wolfgang pour le calcul –, propres à exciter la curiosité. Nannerl, à huit ans, se met au clavecin et son frère l'écoute.

À trois ans, Wolfgang pianote sur le clavecin de sa sœur pour «chercher les notes qui s'aiment»

Il progresse à pas de géant. Dès 1762 (il vient d'avoir six ans!) il montre fièrement à son père, fondant d'émotion, ses premières œuvres. Autant dire qu'il commence à composer avant même de savoir écrire! Les dons du garçonnet, sa volonté d'apprendre, son

Nannerl, elle aussi enfant prodige, fut vite reléguée dans l'ombre par le succès de son frère. Mariée à trente-trois ans, elle mourut en 1829, baronne et aveugle.

enthousiasme sont indéniables, tout comme sa précocité.

Andreas Schachtner, trompette à la cour, racontera bien plus tard : «Wolfgang était un jour occupé à écrire. Son père : "Que fais-tu là ?" "Un concerto pour clavecin ; je vais avoir bientôt achevé la première partie".» Leopold, dubitatif, examine les

L e costume que Mozart porte sur ce tableau attribué à Pietro Antonio Lorenzoni, lui fut offert par l'impératrice Marie-Thérèse et aurait appartenu au fils de la souveraine.

gribouillages qui parsèment la feuille de papier...
et doit se rendre à l'évidence. Mozart porte déjà la
musique en lui. Lorsqu'il compose, rien ne le
détourne de son occupation.

Bien évidemment, de tels dons ne peuvent rester
inexploités. Pour les faire connaître, une seule
solution : voyager.

**Dès 1762, la famille prend la route, sous la houlette
d'un Leopold entreprenant qui veut «montrer un
miracle au monde»**

Un premier séjour, dont on ne sait rien, conduit les
Mozart à Munich. Un second a pour but Vienne,
capitale de l'Empire.

Quels que soient les talents de Nannerl, devenue
experte dans l'art du clavecin, c'est son frère qui
attire l'attention. Ainsi, à Ips, pendant la messe,
l'enfant monte subrepticement à la tribune d'orgue et
les moines franciscains tombent sous le charme.
C'est lui que l'on vient voir, c'est lui seul que
l'évêque de Passau, quelques jours auparavant, a
voulu recevoir, lui encore qui a enthousiasmé, lors
d'un concert donné à Linz, le comte Palfy.

Lorsque la famille arrive à Vienne, le 6
octobre, la réputation du garçonnet est
déjà bien établie. Dès leur arrivée, les
Mozart sont entourés, fêtés,
choyés, réclamés par les
plus illustres maisons.
Ils sont dans la capitale
depuis une semaine,
et déjà l'archiduc Joseph,
fils aîné de l'impératrice, en
a parlé avec chaleur à sa mère
qui leur accorde une audience à Schönbrunn et laisse
le gamin lui sauter sur les genoux, lui entourer le cou
de ses bras et la couvrir de baisers.

**Toute la cour impériale est réunie pour écouter les
deux petits musiciens**

Elle s'extasie devant le jeune intrépide auquel on
peut tout demander, y compris de jouer sur un
clavier aveugle, recouvert d'un drap !

E st-ce Leopold qui
veille avec
attention sur son fils au
travail ? Et le visiteur, à
ses côtés, est-ce l'ami
Schachtner, possesseur
d'un violon dont le son
doux et rond séduisait
Wolfgang, qui l'appelait
«le violon de beurre» ?

D' abord
instrument
de divertissement,
le violon avait
commencé à
acquérir ses lettres
de noblesse dès la
fin du XVIᵉ siècle.

À six ans, Mozart
en possédait
déjà les rudiments.
«À la douane
viennoise, notre
garçon nous a
dispensés de la
visite des bagages...
il fut très vite
familier avec le
douanier, lui
montra son
clavecin, fit son
invitation, et lui
joua un menuet sur
son petit violon.»
(Leopold, 16 octobre
1762).

Vienne la fastueuse

Au milieu de la foule en liesse, combien sont-ils à être venus tenter leur chance dans la capitale, comme le fera Mozart ? Un mariage princier, prétexte à des fêtes somptueuses, est un moyen éprouvé pour les souverains d'émerveiller leurs sujets. Car Vienne aime les fêtes, et elles sont nombreuses dans cette ville où le bien-vivre est un art à la portée de tous. Mais la solitude, même au milieu d'un joyeux entourage, la nécessité d'être là au moment opportun, et de se faire remarquer, est aussi le lot du musicien en quête d'une charge officielle. Est-il perspective plus alléchante qu'un emploi dans la capitale ?

Capitale de la musique

S iège du Saint
Empire romain
germanique de 1558 à
1806, Vienne est, à
l'époque de Marie-
Thérèse, une ville
prospère, dont la
population est passée,
sous le règne de
l'impératrice, de
88 000 à 175 000
habitants. La capitale
autrichienne est dans le
même temps une ville
traditionnellement
accueillante, ouverte
aux étrangers. Une
tradition qui
s'éprouvera dans tous
les domaines de l'art et
ne se démentira pas
jusqu'au XXe siècle. Si
jamais un État présenta
une complète palette
des races européennes,
ce fut bien l'empire des
Habsbourg... À
l'époque de Mozart,
Vienne est déjà un
phare de l'Europe
éclairée, et
l'extraordinaire
cosmopolitisme qui la
caractérise alors est là
pour en témoigner.
Mais c'est dans le
monde éclatant des
manifestations
artistiques, et
musicales en
particulier, sous l'égide
impériale, que
l'exceptionnel
charisme viennois de la
fin du XVIIIe siècle
brillera de ses plus
beaux feux.

C'est à Schönbrunn qu'une fillette de son âge aide Wolfgang qui vient de tomber à se relever. «Vous êtes bien gentille, lui dit-il en guise de remerciement, lorsque je serai grand, je vous épouserai.» On ne saura jamais ce que l'archiduchesse Marie-Antoinette, future reine de France, pensa d'une aussi charmante demande en mariage.

Entre les concerts, les réceptions, les invitations, le temps s'écoule à une allure folle. Mais deux semaines après son arrivée, Mozart doit s'aliter et mettre fin à ce régime harassant. Fort heureusement, il se rétablit vite. Il faut bientôt reprendre la route. Le 5 janvier 1763, après un fructueux crochet hongrois par Presbourg, Salzbourg voit la famille regagner le bercail. Gain de la tournée : deux habits de cour offerts par l'impératrice, et la satisfaction d'une renommée rapidement acquise. Une joie éphémère, toutefois, car l'exaltation des premiers jours finira par se calmer ; le public viennois, volage, se lassera du phénomène.

Au siècle des lumières, un musicien n'est rien d'autre qu'un serviteur, dépendant du bon vouloir de ses maîtres

À peine rentré chez lui, Mozart est de nouveau malade. Il mettra à profit sa convalescence pour se perfectionner dans l'art du violon. Cette année 1763 qui commence voit la fin de la guerre de Sept Ans.

❝ Nous avons été chez l'Impératrice de 3 à 6 heures, et l'Empereur lui-même m'a conduit pour me faire entendre l'infante jouer du violon. ❞

Leopold,
16 octobre 1762.

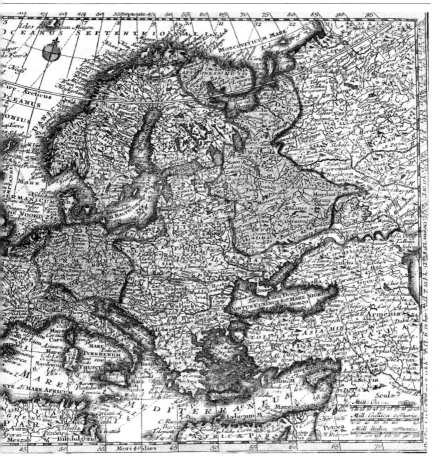

C'est aussi l'époque où Leopold est nommé vice-kapellmeister de la cour, la charge de *Konzertmeister*, maître de concert, ayant été attribuée, depuis quelques mois, à Michaël Haydn, le frère de Joseph. Mais c'est surtout, le 9 juin, le début d'un grand périple qui va durer trois ans. La correspondance de Leopold en donne un reflet fidèle et constitue un précieux témoignage sur la condition des musiciens au dix-huitième siècle. Rien à voir avec la vision romantique de l'artiste isolé dans sa

A u milieu du XVIIIe siècle, la mosaïque des États allemands était le résultat de la guerre de Trente Ans. Les traités de Westphalie, en 1648, avaient consacré cet éparpillement et la mainmise de despotes qui n'étaient pas tous «éclairés».

tour d'ivoire, vivant «pour sa création» : lorsqu'il n'est pas salarié, un instrumentiste, un chanteur, un compositeur doit attendre davantage de sa patience que de la générosité des princes – sans compter que les cadeaux qu'il reçoit (montres, tabatières, etc. Mozart en aura bientôt une belle collection !) sont difficilement monnayables et n'assurent pas le pain quotidien.

A ugsbourg dut, dès le Moyen Âge, son développement à l'industrie textile, avant de devenir un centre commercial et bancaire.

De cours en palais, l'enfant suit son père sur les routes d'Europe

La première étape des voyageurs devrait être Munich. Mais une roue casse et les immobilise à Wasserbourg, où Wolfgang, une fois de plus, étonne l'assistance par son adresse à utiliser, sans jamais avoir appris, un orgue à pédalier. Enfin, voici Munich. À la cour de Maximilien III, les récompenses sont appréciables, les lettres de recommandation élogieuses.

À Augsbourg, en revanche, où les enfants se produisent pour la première fois devant un grand public, c'est la déception. À Ludwigsburg, Karl Eugen de Wurtemberg ne daigne même pas les entendre, tout entiché qu'il est de la musique de son kapellmeister, l'Italien Nicola Jommelli. Fort heureusement, la générosité de Karl Theodor, l'Électeur Palatin, pour lequel ils jouent à Schwetzingen, leur met du baume au cœur ; et surtout, ils peuvent écouter, dans sa résidence d'été, l'orchestre de Mannheim, le meilleur du moment. Se succèdent Worms, Mayence et Francfort, où un jeune spectateur, Johann Wolfgang

❝ Le seul M. Grimm [...] a tout fait pour nous. ❞
Leopold, avril 1764.

Bibliothèque Publique
d'Embrun

Goethe, applaudit Nannerl et son frère. Le poète se souviendra, plus tard, de «ce petit bonhomme avec sa perruque et son épée». Après Coblence et Bonn viennent Cologne puis Aix-la-Chapelle, où la princesse Amélie, sœur du roi de Prusse Frédéric II, comble Wolfgang de caresses – la seule chose dont elle soit vraiment prodigue. Plusieurs étapes encore, et voici Bruxelles, alors capitale des Pays-Bas autrichiens, gouvernée par Charles de Lorraine, frère de l'empereur François Ier, qui (Leopold *dixit*) «n'a pas un sou»! Enfin, le 18 novembre 1763, les voyageurs arrivent à Paris, où le comte van Eyck, gendre du comte von Arco, grand chambellan à la cour de Salzbourg, les accueille dans son hôtel de Beauvais.

W olfgang et la marquise de Pompadour, janvier 1764.

Dans la capitale française, ils rencontrent bientôt leur bon génie : le baron Christian Friedrich Melchior von Grimm

L'ami des Encyclopédistes, le partisan farouche de la musique italienne, est en France depuis quinze ans. Le duc d'Orléans l'a choisi comme secrétaire, mais il est surtout connu, dans toute l'Europe, pour sa *Correspondance littéraire, philosophique et critique,* panorama fort apprécié de la vie intellectuelle française. L'article qu'il écrit le 1er décembre 1763 va constituer, pour les petits Salzbourgeois, la meilleure des introductions. La nouvelle de leur arrivée se répand comme une traînée de poudre; dès lors, la noblesse parisienne,

C'est au cours du second séjour de Mozart à Paris, pendant l'été 1766, que Michel Barthélemy Ollivier peignit cette scène de genre, située chez le prince de Conti, dans le salon des Quatre Glaces au palais du Temple. Parmi les invités figure le comte de Rohan-Chabot. Mozart a dix ans. On le distingue à peine derrière son clavecin. Près de lui, le ténor Pierre Jélyotte, l'un des grands interprètes de Rameau, violoniste et guitariste dans la Musique du roi, accorde son instrument. «L'enfant Wolfgang n'est visiblement que le dernier souci des beaux seigneurs et des belles dames qui papotent et prennent le thé par petits groupes. Rien de plus significatif sur la façon dont l'aristocratie de l'Ancien Régime entendait le plaisir musical; la toile d'Ollivier a la valeur d'un réquisitoire.» (Brigitte et Jean Massin).

toujours avide de nouveauté, n'a
d'autre préoccupation que les
Mozart. Fin décembre, ils sont reçus
à Versailles, couverts de baisers par
la dauphine et les filles du roi (mais
pas par Mme de Pompadour, au grand
mécontentement de Wolfgang,
toujours sensible aux marques
d'affection). Et, le 1er janvier 1764,
ils sont conviés au traditionnel
«Grand Couvert» du jour de l'an.
Plus importantes que les mondanités,
toutefois, sont les rencontres d'autres musiciens.

C'est à Paris que Wolfgang découvre Schobert, un maître allemand auquel il restera fidèle

Si l'on en croit Leopold, «il y a [à
Paris] une guerre continuelle entre
la musique française et la musique
italienne» (lettre des 1er/3 février
1764). Tout en insistant sur le déclin
du goût national, il souligne
l'importance des Allemands :
le claveciniste augsbourgeois Johann
Gottfried Eckard, son confrère Johann
Schobert, maître de musique du prince
de Conti (dont l'orchestre s'enorgueillit de
compter parmi ses membres le violoncelliste
Duport et le compositeur Gossec) ; et aussi
Honnauer, Hochbrucker, Raupach. Une telle
effervescence musicale va porter ses fruits, puisqu'en
1767 Mozart adaptera en concertos pour clavecin
plusieurs mouvements de sonates de ces différents
maîtres.

    La musique de Schobert exercera une influence
capitale sur ses compositions du moment, les deux
groupes de *Sonates pour clavecin avec
accompagnement de violon KV 6 à 9*, publiés à Paris
et respectivement dédiés à la fille de Louis XV,
Madame Victoire, et à la comtesse de Tessé, dame
d'honneur de la dauphine. Si Eckard est avant tout un
virtuose du clavier, Schobert est un vrai musicien,

É crites pendant
l'hiver 1763-1764,
les premières œuvres
d'envergure... d'un
compositeur de huit
ans ! Le *Menuet* en
mineur de la *2e Sonate
KV 7* témoigne que
Schobert avait révélé à
l'enfant «la fonction
poétique de l'art
musical» (Jean-Victor
Hocquard).

À la fin du XVIIIᵉ siècle, le pianoforte ravit au clavecin sa primauté. Mozart, en tant que virtuose, appréciait les instruments de son époque : conquis en 1777 par ceux que fabriquait le facteur augbourgeois Andreas Stein, il délaisse les cordes pincées pour les cordes frappées. À la différence du clavecin, le pianoforte permettait des gradations dynamiques du *pp* au *ff* avec une grande variété de toucher, bien que sa technique fût en tous points différente de celle des pianos actuels.

inventif, débordant d'imagination. Véritable creuset où se mêlent les influences allemande, italienne et française, son œuvre ne peut qu'impressionner un enfant doté d'une sensibilité aussi vive.

Dans les brumes londoniennes, Wolfgang rencontre, grâce à Jean-Chrétien Bach, le charme ensoleillé de la musique italienne

Malgré les succès, il faut quitter Paris. Le 10 avril, parents et enfants prennent la route de Calais, où ils s'embarquent pour Douvres. Le 23 avril 1764, ils posent le pied sur le sol de la capitale britannique.

À Londres, les événements vont encore plus vite qu'à Paris, puisque quatre jours après leur arrivée, les Mozart sont reçus à Saint James's Park par le roi George III et la reine Charlotte. Autant l'étiquette qui régnait à Versailles avait paru pesante, autant la familiarité de la cour d'Angleterre est rassurante. Le 19 mai, un concert privé les conduit à Buckingham. Wolfgang déchiffre à vue des pages de Wagenseil, Abel, Jean-Chrétien Bach, et Haendel. Il improvise, accompagne la souveraine qui chante, joue du violon, devant un auditoire enthousiaste.

Si à Paris l'enfant baignait dans une atmosphère musicale allemande, c'est l'Italie qui domine son séjour à Londres, grâce à Karl Friedrich Abel mais surtout au plus jeune fils de Jean-Sébastien Bach, Jean-Chrétien, né en 1735, qui va devenir l'un des amis les plus fidèles du garçonnet. L'été se passe à Chelsea, où Mozart compose sa première symphonie. Malgré une autre visite à la cour, l'automne s'annonce moins brillant. Musicalement, pourtant, la nouvelle saison sera encore plus riche que la précédente, et tout aussi «italienne». Wolfgang n'a pas neuf ans, et déjà il songe à écrire un opéra. La rencontre des célèbres castrats Manzuoli et Tenducci ne fera sans doute que le conforter dans cette idée.

Mais voici la fin du voyage malgré les difficultés à partir exprimées par Leopold : «La seule vue de nos bagages, qu'il faut mettre en ordre, me donne des suées froides. Pensez un peu ! Lorsqu'on vit une année entière en un lieu ; nous sommes ici chez nous !»

Embarqué à Douvres le 1er août 1765, la tribu Mozart atteint Calais, avant de gagner Dunkerque, Lille (où Wolfgang et Leopold ont de nouveaux ennuis de santé) puis Gand et La Haye.

Six
SONATES
pour le
CLAVECIN
qui peuvent se jouer avec
L'accompagnement de Violon ou Flaute
Traversiere
Très humblement dediés
A SA MAJESTE
CHARLOTTE
REINE de la GRANDE BRETAGNE
Compofées par
I.G. WOLFGANG MOZART
Agé de huit Ans
Oeuvre III.

LONDON Printed for the author
et M. Williamson in

De multiples haltes sur la route du retour : partout on attend les Mozart, partout on les honore !

C'est Nannerl cette fois qui tombe malade, puis son frère, qui s'est produit chez le prince d'Orange et sa sœur, la princesse de Neilburg ; mais Wolfgang continue, malgré tout, à composer avec ardeur. Une fois rétablis, les enfants assurent deux concerts à Amsterdam et participent aux fêtes de l'installation de Guillaume V, avant de reprendre la route pour la prochaine étape, Paris. Un séjour de deux mois durant lequel le baron Grimm sera, une fois de plus, le meilleur des attachés de presse !

Paris, Lyon, Genève, Lausanne, Berne, Zurich... Plus besoin, maintenant, de demander à être reçus ! Une ombre, légère, au tableau : leur absence a été plus longue que prévu. Mais le prince Sigismund von Schrattenbach est un maître compréhensif et avisé, qui sait bien que la réputation de ses ouailles rejaillit aussi sur Salzbourg. Le 30 novembre 1766, Wolfgang et les siens sont chez eux. Au-delà de la légende qui commence à l'entourer, le jeune garçon a acquis, au cours de cette première tournée des cours d'Europe, une expérience musicale dépassant de très loin celle d'un enfant prodige.

Avec Jean-Chrétien Bach commence une amitié inattendue entre un enfant de neuf ans et un jeune homme de trente ans, tout imprégné de culture italienne, qui lui dévoilera les beautés d'un style mélodique moins austère que celui des maîtres allemands.

" Et maintenant, je dois faire face à une grosse dépense : six *Sonates* de Wolfgang à faire graver et destinées à être dédiées à la Reine, selon son désir. "
Leopold,
27 novembre 1764.

Mozart a onze ans, et déjà derrière lui un passé. Sur ses épaules d'enfant pèse le poids de la gloire... C'en est fini de l'auréole de «prodige» : Wolfgang va devoir maintenant prouver au monde qu'il n'est pas un «petit monstre» qu'on exhibe, mais un véritable musicien. C'est vers l'Italie, pays de l'opéra, qu'il va tourner ses regards.

CHAPITRE II

DU PRODIGE AU COMPOSITEUR

Bibliothèque Publique d'Embrun

« Je dois montrer ce miracle au monde, [...] puisque aujourd'hui [...] on contredit tous les miracles. »
Leopold, 30 juillet 1768.

Onze ans, l'âge ingrat pour la plupart. Mais Mozart n'est pas un enfant comme les autres. S'il adore jouer, plaisanter, se faire cajoler, il aime aussi passionnément travailler. Il va consacrer avant tout à l'étude les quelques mois passés à Salzbourg avant d'entreprendre de nouveaux voyages. À peine de retour, sous la férule de Leopold, il reprend le collier. Le séjour londonien était placé sous le signe de l'Italie ; c'est à présent vers la musique allemande que vont se tourner ses préoccupations. Il fréquente assidûment les œuvres des grands aînés, Carl Philipp Emanuel Bach, Fux (l'auteur du célèbre *Gradus ad Parnassum*), Eberlin, l'ancien kapellmeister de la cour, Hasse, Haendel. Ses devoirs d'harmonie, ses exercices de contrepoint, on peut les voir dans un cahier annoté par Leopold, précieuse relique conservée dans sa ville natale, au Mozarteum.

L'enfant Mozart s'amuse : les trois voix de ses partitions, il les baptise des noms de «Signor d'Alto», «Marchese Tenore», «Duca Basso». L'enfant Mozart travaille d'arrache-pied. Dès son arrivée, le prince-archevêque le met à l'épreuve, pour voir s'il soutient sa réputation. Les commandes ne se font pas attendre et pleuvent sur le garçonnet, de la cour, mais aussi de l'université et de la bourgeoisie locale. Pour un oratorio qui sera créé le 12 mars 1767, *le Devoir du Premier Commandement*, dont il doit composer la première partie, Wolfgang se trouve confronté à des collègues bien plus âgés : l'organiste Adlgasser et Michaël Haydn. Dans cette œuvre religieuse, comme dans la comédie latine qui suit, *Apollo et Hyacinthus*, destinée à une fête de l'université, perce, sous les conventions, une ineffable tendresse, signe distinctif d'un musicien affectueux entre tous.

Neuf mois se sont écoulés. Et voilà que toute la famille reprend la route. Destination : Vienne.

Le temps du «miracle» est révolu, et le second séjour à Vienne va s'assombrir de bien des déceptions

La fille de Marie-Thérèse, Maria Josepha, doit épouser le roi de Naples, Ferdinand. La cité, en effervescence, offrira peut-être à des musiciens bon nombre d'occasions avantageuses. C'est compter sans le

G eorg Friedrich Haendel (1685-1759). De Hambourg à Florence, de Naples à Venise puis à Londres, où il s'établit à partir de 1712, il se fait le champion de l'opéra *seria* italien puis de l'oratorio.

V ienne : vue de la Freisingerhof.

destin qui s'en mêle : une épidémie de variole emporte la jeune fiancée, ainsi que l'archiduchesse Elisabeth. Leopold et les siens fuient littéralement une ville dont l'atmosphère, depuis la mort de François Ier et la venue au pouvoir de l'austère Joseph II, a bien changé. Trop tard : la maladie terrasse Wolfgang à Olmütz. Nannerl est frappée, elle aussi. Mais, le 10 janvier 1768, une fois les enfants guéris, les Mozart regagnent la capitale. Ils vont y demeurer un an, et les mois qu'ils y vivront ne seront pas placés sous le signe de la facilité. Car le frère et la sœur ont grandi : ils ont respectivement douze et dix-sept ans. L'âge des prodiges est passé.

Johann Adolf Hasse (1699-1783) jouissait à son époque d'une célébrité aussi grande que l'oubli dans lequel il est tombé. Passé maître dans l'art de l'opéra *seria*, cet ancien ténor avait dit à propos du jeune Mozart : «Cet enfant nous fera tous oublier.»

Quant au compositeur en herbe, il ne peut rivaliser avec les héros du jour, qui ont nom Joseph Haydn et Christoph Willibald Gluck. Déjà, Mozart fait l'apprentissage des jalousies et des rivalités.

Pour tenter d'imposer son fils, Leopold, encouragé par l'empereur, le pousse à écrire un opéra

Une suggestion qui répond à l'un des vœux les plus chers de Wolfgang. Un directeur de théâtre, le «comte» Affligio, propose un contrat, mais il faut vite déchanter car l'imprésario n'est qu'un aventurier, qui finira d'ailleurs sa vie aux galères. Quant à *la Finta semplice*, écrite sur un livret de Marco Coltellini inspiré de Goldoni, les cabales l'empêcheront de connaître les honneurs de la scène viennoise. Il lui faudra attendre un an pour être représentée à Salzbourg, à l'occasion de la fête du prince-archevêque. Une consolation vient pourtant adoucir l'amertume et la déception de ce premier échec : le docteur Franz Anton Mesmer (le «père» de la théorie du magnétisme animal), amateur fortuné, commande à Wolfgang un petit opéra destiné à son théâtre privé. Le 1er octobre 1768, *Bastien et Bastienne* est créé, dans une intimité chaleureuse propice à l'épanouissement des amours bucoliques, déjà contées par Jean-Jacques Rousseau dans son *Devin du village*.

Avec la même avidité, Wolfgang dévore opéras italiens et symphonies allemandes

Les dernières semaines du séjour viennois offrent au jeune garçon un autre sujet de satisfaction, sa première *Messe solennelle KV 139*, écrite pour la consécration de la nouvelle chapelle d'un orphelinat subventionné par la cour. Leopold est fier d'annoncer à ses correspondants ce franc succès, «qui nous a rendu l'estime que nos calomniateurs avaient voulu nous faire

❝ Après que la noblesse viennoise se fut convaincue du talent extraordinaire de mon fils, [...] on fut généralement d'avis qu'il serait merveilleux qu'un enfant de douze ans écrivît un opéra et le dirigeât lui-même, ce qui ne s'est jamais vu ni actuellement ni dans le passé. [...] Seulement – comment aurais-je pu l'imaginer ! – c'est alors que commencèrent les persécutions contre mon fils. ❞
Leopold,
21 septembre 1768.

En 1768, Christoph Willibald Gluck (1714-1787) est au faîte de sa gloire après *Orfeo ed Euridice* (1762) et *Alceste* (1767).

perdre en empêchant l'opéra» (lettre du 14 décembre 1768). Malgré tout, l'apport matériel du voyage est mince, contrebalancé par la richesse des rencontres musicales : en quelques mois, Mozart a pu entendre bon nombre d'opéras italiens de Hasse (*Parthénope*), Piccinni (*la Buona Figliola*), Gluck (dont l'*Alceste* comptera parmi ses préférés). Il a pu, aussi, s'imprégner des tendances nouvelles qui bouleversent les milieux symphoniques allemands sous l'impulsion de Joseph Haydn, Hoffmann, Wanhal, Ditters (qui deviendra von Dittersdorff)... Deux courants qui résument les préoccupations esthétiques entre lesquelles il balancera tout au long de sa carrière.

À Salzbourg, von Schrattenbach commence à s'impatienter ; il suspend le salaire de Leopold. Mais c'est un maître bienveillant qui accueillera les voyageurs à leur retour : non seulement il nomme le jeune Wolfgang konzertmeister de la cour, mais surtout il lui accorde, ainsi qu'à Leopold, un nouveau congé. Tous deux se munissent des nombreuses recommandations récoltées à Vienne (celles de Hasse, entre autres, ne sont pas à négliger).

Le 11 décembre 1769, le père et le fils prennent la route de l'Italie

Ils sont seuls : ni mère, ni sœur pour les

Sigismund von Schrattenbach, prince-archevêque de Salzbourg de 1753 à 1771.

accompagner, cette fois. Nannerl a dix-huit ans, elle est fort appréciée pour sa compétence pédagogique et ses leçons assurent un revenu substantiel : elle reste donc au foyer.

Mozart est d'humeur joyeuse, sa correspondance déborde de gaieté ; car il écrit maintenant, des lettres naïves, enthousiastes, truffées de plaisanteries. Si, dans sa musique, il a la main légère, dans ses missives, sa patte se fait lourde et porte encore la trace de l'enfance. «Très chère Maman, mon cœur est absolument ravi d'un vif plaisir, parce que le voyage est tellement amusant. Il fait bien chaud dans la voiture, et notre cocher est un gars galant, qui conduit vite lorsque la route le permet un tant soit peu.» (12 décembre 1769). Après tout, il n'a pas quatorze ans, et il a des raisons d'être heureux car les premières étapes de son périple sont ensoleillées par l'accueil chaleureux des Italiens, à Rovereto comme à Vérone.

Enchanté par l'Italie, Wolfgang va même jusqu'à emprunter au latin son second prénom. Il s'appellera désormais Wolfgang Amadeus («aimé de Dieu»), italianisation de Theophilus, prénom reçu à sa naissance, qu'il avait auparavant germanisé en Gottlieb.

Dans les villes italiennes, chaque étape est couronnée de succès

À Mantoue, un concert à l'académie royale philharmonique rencontre l'enthousiasme du public : quatorze numéros, pas moins, constituent un programme fleuve au cours duquel Wolfgang déchiffre, joue du clavecin, du violon, chante, improvise, et fait apprécier, à cette occasion, ses propres compositions.

❝ Notre ville ne peut s'empêcher de proclamer les admirables facultés musicales que possède l'enfant allemand W. Amadeus Mozart, âgé de 13 ans et maître de chapelle de l'Archevêque de Salzbourg... Vendredi dernier, dans une salle de la noble Académie Philharmonique et devant une assemblée très nombreuse de la noblesse des deux sexes, cet enfant a donné de telles preuves de son habileté dans son art qu'il a causé un véritable étonnement. **❞**

Gazette de Verone,
9 janvier 1770.

Le 23 janvier 1770, Milan est en vue. C'est une fois de plus un Salzbourgeois qui va prendre en charge les Mozart : le comte Karl von Firmian, gouverneur de Lombardie et neveu de l'ancien archevêque. La saison du carnaval bat son plein avec ses concerts, ses opéras. Le *Cesare in Egitto*, auquel Piccinni est en train de mettre la dernière main, promet d'en être l'un des événements, et Wolfgang et son père ont la chance d'assister à sa répétition générale. Ils vivent au cœur de la musique italienne de l'époque, écoutent des œuvres de Luigi Boccherini, font la connaissance de Giambattista Sammartini, symphoniste de grand renom qui fut le maître de Gluck.

Leopold a placé tous ses espoirs dans un grand concert qui doit être donné le 23 février. Un autre a lieu quelque temps plus tard, chez le comte von Firmian, leur hôte, devant «cent cinquante personnes de la plus haute noblesse». Deux succès notoires. Mieux encore, le jeune garçon reçoit enfin la commande d'un opéra, destiné à être exécuté à la fin de cette même année. Un opéra *seria* cette fois (rude contraste avec l'œuvre bouffe écrite pour Vienne), dans lequel il devra respecter les contraintes formelles du genre : la morne alternance d'airs au

L a Scala de Milan, qui fait encore aujourd'hui la réputation lyrique de la ville, ne fut inaugurée qu'en 1778, deux ans après l'incendie du Teatro Ducale, ouvert en 1717, et où furent créés *Mitridate* et *Lucio Silla* de Mozart, ainsi que *Ruggiero* de Hasse. Le premier Teatro Ducale, de Turin (1679), laissa en 1740 la place au Nuovo Regio, gigantesque, qui demeure, avec la Scala, le San Carlo de Naples et la Fenice de Venise l'un des temples les plus réputés du chant italien.

long desquels s'expriment les sentiments des héros, et de récitatifs qui font avancer l'action. Décidément, Milan aime Mozart, qui le lui rend bien.

De Milan à Parme, la route est brève. Du séjour dans ce grand duché, demeure surtout le souvenir de Lucrezia Agujari, la célèbre Bastardella, renommée pour son chant virtuose et son suraigu, qui ne peuvent que séduire un amoureux de la voix. À Bologne, l'étape suivante, Wolfgang n'a qu'une idée : être reçu par Giambattista Martini.

De la musique italienne, Mozart connaît surtout les opéras à la mode. Le Padre Martini va l'initier aux œuvres des vieux maîtres

Alors âgé de soixante-quatre ans, le Padre Martini, outre ses immenses talents de compositeur et de mathématicien, fait toujours figure d'oracle pour tout ce qui touche à la théorie musicale – c'est lui qui autrefois a été le professeur de Jean-Chrétien Bach, l'ami londonien. Par deux fois, dans son presbytère de Saint-François dont il ne sort que rarement, il reçoit l'apprenti compositeur et l'oblige à d'austères exercices de

Admiré du monde entier, le Padre Martini peut être considéré comme le pionnier de la science musicologique.

contrepoint. L'élève s'y soumet avec sa docilité coutumière, et prouve au vénérable ecclésiastique que, malgré sa jeunesse, l'art de la fugue lui est déjà familier.

Quatre mois plus tard, les voyageurs retrouveront Bologne et le Padre Martini, mais auparavant ils doivent se rendre à Florence. Le grand-duché de Toscane, alors gouverné par un autre fils de Marie-Thérèse, Leopold, leur offre de nouveaux succès, et l'occasion de retrouver de vieilles connaissances : le violoniste Nardini, le castrat Manzuoli. Fait exceptionnel, Wolfgang va se faire un ami de son âge, le violoniste anglais Thomas Lindley, dont il se sépare avec peine lorsqu'il lui faut partir pour Rome. Il arrive dans la Ville éternelle en pleine semaine sainte. Si son père l'emmène aussitôt assister aux différents offices, ce n'est pas par simple piété, mais parce qu'il n'est guère de meilleure opportunité de rencontrer les gens en place.

À Rome, Mozart, entendant le fameux *Miserere* d'Allegri, fait preuve d'une mémoire et d'une maturité musicales hors du commun

Propriété exclusive de l'auguste chapelle Sixtine, il est formellement interdit de copier cette œuvre. Beaucoup ont essayé de la transcrire, en vain. Wolfgang, lui, va réussir l'exploit ; après deux auditions seulement, il couche sur un papier, dissimulé dans son chapeau, les neuf voix d'un morceau qui, depuis, a fait le tour du monde.

Un mois s'écoule ainsi, à Rome. Autant la cité pontificale a plu aux Mozart, autant Naples les déconcerte, avant de les enchanter. Matériellement, ils n'ont rien à espérer de Ferdinand et de Marie-Caroline, et se consolent en faisant du tourisme. De retour à Rome, une surprise les attend : le pape Clément XIV décore l'adolescent de la croix de chevalier de l'Éperon d'or — un honneur qui ne lui tournera pas la tête, puisqu'il portera rarement cette décoration. Une partie de l'été se passe à Bologne. Leopold soigne sa jambe blessée lors du retour de Naples, Wolfgang se distrait avec le jeune comte Pallavicini, et rend de fréquentes visites au Padre

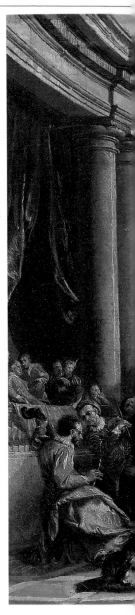

Martini, qui lui propose toujours de nouveaux thèmes de fugues et corrige inlassablement ses exercices. C'est grâce à son mentor que Mozart, le 9 octobre 1770, après un examen rigoureux, est nommé membre de la prestigieuse académie philharmonique de la ville, distinction exceptionnelle, puisqu'il n'a pas atteint l'âge réglementaire de vingt ans.

Si à Bologne Mozart est un élève studieux, à Milan il est déjà un compositeur

« J'aimerais seulement que ma sœur soit à Rome, cette ville lui plairait certainement. L'église Saint-Pierre a une beauté régulière tout comme tant d'autres choses ont des lignes régulières. »
Wolfgang,
14 avril 1770

C'est au palais du Quirinal que Mozart reçut sa décoration du titre de chevalier de l'Éperon d'or conféré par le pape Clément XIV (1705-1741) : un honneur qui avait déjà été accordé à Gluck. «Nous devons apprendre demain une nouveauté qui nous jettera dans l'étonnement : le cardinal Pallavicini a reçu du Pape l'ordre de remettre à Wolfgang la croix d'un Ordre et un diplôme.» (Leopold, Rome, 4 juillet 1770).

unanimement salué. Il n'a pas beaucoup composé, depuis le début du voyage : quelques airs pour ses amis castrats, un premier quatuor à cordes (*KV 80*), mais il lui faut songer à l'opéra que Milan lui a commandé. En septembre, il se met à la tâche, commençant par les récitatifs ; les airs, il les écrira plus tard, à la mesure des interprètes. «Dieu soit loué ! la première représentation [de *Mitridate, re di Ponto*] a eu lieu le 26 avec un succès complet... dès le premier soir, on a bissé une aria de la prima donna, alors que jamais on ne rappelle les chanteurs au cours de la première...» (Leopold, 29 décembre 1770).

Wolfgang peut quitter Milan le cœur léger : un autre opéra lui a été commandé, ainsi qu'un oratorio,

Mozart en chevalier de l'ordre de l'Éperon d'or. Un portrait peint à Salzbourg en 1777, qui mentionne également l'appartenance aux académies philharmoniques de Bologne et de Vérone, et donne de Mozart une image officielle assez peu conforme à la réalité (il n'arbora qu'une fois cette décoration).

CAV. AMADEO WOLFGANGO MOZART ACCAD. FILARMON: DI BOLOG. E DI VERONA

à Padoue (ce sera *la Betulia liberata*, son unique incursion dans ce domaine), sans compter que Marie-Thérèse va lui demander d'écrire la sérénade qui sera jouée à Milan, en 1771, pour les noces de son fils, l'archiduc Ferdinand, avec Marie-Béatrice de Modène. Lorsqu'il regagne Salzbourg, le 28 mars de cette année, Mozart a tout lieu d'être satisfait : l'avenir s'annonce bien rempli, et il sait qu'il reverra bientôt sa chère Italie.

En attendant, il retrouve la cour, et sa charge de konzertmeister. Mais les jours passent vite lorsqu'on est occupé et que, pour la première fois, on tombe amoureux. Le temps d'écrire quelques pièces religieuses, quatre symphonies, et il faut déjà repartir, le 13 août, pour quatre mois seulement, cette fois. Quatre mois de labeur intense.

À Milan, les fêtes nuptiales débutent le 15 octobre. Le 16, l'opéra de Hasse, *Ruggiero*, échoue, à la surprise générale. Le lendemain, c'est au tour de Wolfgang d'affronter les affres des premières. Il n'a pas à s'inquiéter : *Ascanio in Alba* connaît un triomphe tel qu'on la rejoue deux jours plus tard.

Les grands de ce monde sont versatiles, Mozart va en faire la cruelle expérience

Leopold veut profiter des circonstances : pourquoi ne pas tenter d'obtenir pour son rejeton un poste stable à Milan ? Mais ses demandes auprès de Ferdinand restent sans résultat. Marie-Thérèse est passée par là : souvenirs des pétitions rédigées contre Affligio, à l'époque de *la Finta semplice*, par un père jugé trop entreprenant ? Amertume causée par l'échec de l'opéra de Hasse, son ancien maître de musique ? Qui le sait ? La lettre à son fils, datée du 12 décembre 1771, est sans équivoque : «Vous me demandez de prendre à votre service le jeune *Salzburger*. Je ne sais comme quoi, ne croyant pas que vous ayez besoin d'un compositeur ou de gens inutiles... Cela avilit le service quand ces gens courent le monde comme des gueux, il a en outre une grande famille.»

Leurs espoirs déçus, malgré le succès d'*Ascanio*, les Mozart quittent Milan sans avoir décroché la moindre commande.

Dès leur arrivée à Salzbourg, un événement imprévu va modifier leur vie : le 16 décembre 1771, Sigismund von Schrattenbach s'éteint

Son successeur, Hieronymus Josef Franz von Paul, comte de Colloredo, soutenu par les Habsbourg, ne sera élu que le 14 mars 1772. Colloredo est un produit typique du siècle des lumières. Intelligent, avisé, rigoureux et économe, ce partisan fidèle de Joseph II sera, dès son arrivée, mal accepté par ses sujets, fiers de leur indépendance et inquiets de ses liens avec la famille impériale. Aussi pertinentes soient-elles, ses réformes administratives et culturelles seront mal comprises.

Contrairement à son prédécesseur, c'est la musique italienne qui l'attire. Pour l'heure, même s'il écarte la candidature de Leopold au poste de kapellmeister et lui préfère Domenico Fischietti, il apprécie les compositions récentes de Wolfgang (œuvres religieuses, sonates d'église) et lui permet d'écrire l'action théâtrale destinée aux fêtes de son intronisation, le 29 avril, *il Sogno di Scipione*, sur un livret de Métastase.

Au mois d'octobre, il ne fait aucune difficulté pour accorder à ses musiciens le congé nécessité par la création à Milan de *Lucio Silla*. Les Mozart, pourtant, s'en méfient puisque, dans leurs lettres, ils emploient un langage chiffré lorsqu'ils parlent de lui.

Pour une fois, Wolfgang travaille difficilement. Son ardeur des mois d'été (six symphonies entre mai et août !) a laissé place à une crise passagère, et les airs de *Lucio Silla* se ressentent de cette mélancolie. Le 26 décembre, c'est la première. Un succès, écrira Leopold, mais sans l'enthousiasme des triomphes passés. Une démarche auprès du grand-duc de Toscane dans l'espérance d'un poste éventuel n'aboutit pas. Mozart, lorsqu'il regagne Salzbourg, n'a plus rien à attendre de l'Italie.

Impératrice d'Autriche (1740-1780), reine de Bohême et de Hongrie, Marie-Thérèse fut une despote éclairée, amie des arts autant que fine politicienne. Elle resta l'une des souveraines les plus populaires d'Autriche.

La sonorité des instruments à cordes a changé depuis le XVIIIe siècle. L'abandon des cordes en boyau au profit des cordes en acier, a contribué à donner une sonorité plus riche.

Les adieux de Mozart à Milan lui laissent un goût amer : l'inconstante Italie n'a rien fait pour retenir celui qu'elle fêtait hier encore. Wolfgang est confiné à Salzbourg. Une stimulante escapade viennoise ne suffit pas à dissiper la grisaille de la ville natale, où il va faire le dur apprentissage de la vie de musicien de cour.

CHAPITRE III

MUSICIEN ET DOMESTIQUE

En 1773, Salzbourg a pris pour Mozart un nouveau visage : ce n'est plus le port d'attache où l'on revient entre deux voyages, mais seulement une cité provinciale à l'esprit étroit, une ville prison.

Bibliothèque Publique d'Embrun

Le 13 mars 1773, Wolfgang et son père ont donc regagné leur foyer. Du voyage de retour, autant que des dernières semaines passées en terre italienne, on ne sait que peu de chose. On peut facilement imaginer l'état d'esprit des voyageurs, la tristesse qui les envahit face à ce qui s'avère en fin de compte un échec, puisque Leopold n'a pas réussi à décrocher pour son héritier le poste stable qu'il espérait, plus prestigieux que celui qu'il occupe lui-même à la cour du prince-archevêque. Comment ne pas comprendre les ambitions après tout légitimes de cet homme qu'on a si souvent condamné pour avoir abusivement exhibé son enfant, dès son plus jeune âge, alors qu'il avait conscience d'avoir engendré un génie ?

L'ex-prodige a maintenant dix-sept ans. Il va bien vite étouffer entre les murs étroits de sa ville natale

Son dernier périple italien, il l'a entrepris sans grand optimisme. Pourtant, durant ces derniers mois, il n'a cessé de composer. Outre *Lucio Silla*, il a poursuivi sa série de quatuors à cordes par six nouvelles partitions (*KV 155 à 160*), fortement influencées par les grands maîtres italiens et toutes baignées, par instants, d'une profonde nostalgie. Son inquiétude se trahit dans des mouvements lents pour lesquels il choisit une tonalité mineure, seule capable d'exprimer la tristesse. Mais à la même époque, le motet *Exsultate, jubilate*, qu'il écrit pour le castrat Rauzzini, et qui demeure aujourd'hui encore l'une de ses œuvres les plus jouées, se conclut sur un véritable feu d'artifice

Au milieu du XVIII⁰ siècle, Salzbourg, que baigne la Salzach, affluent de l'Inn, est une principauté ecclésiastique indépendante. Même la guerre de Sept Ans, qui éclate en 1756, n'arrive pas à troubler la vie routinière de la cité. Si aujourd'hui, lorsqu'on dit «Salzbourg», on pense «Autriche» (alors que l'Empire autrichien ne date que de 1805, et que Salzbourg n'y sera rattaché qu'en 1816), Mozart, fidèle à ses attaches bavaroises, se voulait allemand.

❝ Mon frère fut un enfant assez joli. Mais il fut défiguré par la petite vérole et, pis, il revint d'Italie avec le teint jaune des Italiens» (Maria Anna Mozart). La gouache de Johann Nepomuk della Croce, peinte, selon toute probabilité, à Salzbourg en 1780, pose une fois encore le problème de l'authenticité des portraits de Mozart.

qui suffirait à prouver, si besoin était, son amour et sa fascination pour la voix.

Pour l'heure, Wolfgang le voyageur, l'homme libre ou se croyant tel, qui a passé son enfance et son adolescence à courir les routes, se retrouve enfermé dans une ville qu'il connaît à peine, et à laquelle les servitudes de sa charge vont l'attacher. Car Colloredo l'a titularisé dans son poste de konzertmeister, avec un salaire effectif de cent cinquante florins. Il doit donc, pour remplir ses fonctions, composer, mais aussi se produire en tant qu'exécutant. D'autres se seraient satisfaits de ce carcan, synonyme pour eux de sécurité. Mais pas Mozart, qui n'a nulle envie de vivre sur ses souvenirs, et qui ne peut que se sentir à l'étroit dans une cité bercée au rythme d'une vie anodine, et dont il n'a pas à attendre la moindre satisfaction musicale. N'a-t-il pas constamment sous les yeux l'exemple de son collègue, Michaël Haydn, incompris par un auditoire qui se soucie uniquement du goût du jour ? Qui pourrait croire qu'il va se plier sans rechigner à des exigences professionnelles susceptibles de contrarier ses désirs et de le détourner de la musique qu'il sent au plus profond de lui-même ? Déjà, avec *Lucio Silla*, il n'a pas offert aux Milanais l'opéra *seria* conventionnel qu'ils attendaient.

Konzertmeister à Vienne, quelle aubaine pour quitter Salzbourg !

Les semaines qui suivent sont consacrées à des commandes italiennes, divertissements pour vents, ouvertures pour orchestre. Leopold, toutefois, n'a pas renoncé à caser son fils. À peine apprend-il que Florian Gassmann, kapellmeister de la cour de Vienne, est gravement malade, qu'il est à nouveau sur le pied de guerre, prêt au départ.

Et pourquoi pas, à plus ou moins brève échéance, la direction d'un théâtre, situation idéale pour un musicien qui ne rêve que d'opéra ? En juillet, donc, profitant du congé d'été accordé par le prince-archevêque, qui va prendre les eaux, père et fils se dirigent vers la capitale impériale. À dire vrai, ce voyage est loin d'être un succès. Ils obtiennent pourtant une audience de Marie-Thérèse – «Sa Majesté l'Impératrice fut des plus aimables avec nous, seulement ce fut tout.» (Leopold, 12 août 1773). Ce qui veut dire purement et simplement qu'elle ne laissa aux Mozart aucune illusion. Sa lettre à Ferdinand et le ton sur lequel elle parlait des «gens inutiles» étaient déjà limpides à cet égard !

> " Je l'ai vu, enfant de sept ans, quand il donna un concert au cours d'un voyage. Moi-même, j'avais environ quatorze ans et je me souviens encore parfaitement de ce petit homme, avec sa coiffure et son épée. "
> *Goethe.*

Incontestablement, l'atmosphère de Vienne réussit à Mozart, qui y puise une source nouvelle d'inspiration

Malgré la gêne financière qui ne tarde pas à s'installer, Wolfgang est insouciant. Il a retrouvé ses amis viennois, parmi lesquels Mesmer et le docteur Laugier, médecin de la cour. Et malgré l'activité réduite de la ville en cette saison, il ne perd pas une miette du ferment musical qui l'entoure et qui bouleverse les sensibilités, comme le fait, en littérature, l'esprit du *Sturm und Drang.* Aux écrits de Klopstock, Lessing ou Goethe font écho les œuvres de Gassmann, de Joseph Haydn, de Gluck, aux accents pathétiques traversés par une intense énergie. Ce n'est pas un hasard si à l'abondance symphonique du printemps succède, à la fin de l'été, la floraison soudaine des six *Quatuors à cordes KV 168* à *173.* Les nouvelles compositions de Haydn – les

> " Je vous le dis devant Dieu, en honnête homme, votre fils est le plus grand compositeur que je connaisse, en personne ou de nom, il a du goût, et en outre la plus grande science de la composition. "
> Joseph Haydn
> à Leopold Mozart.

célèbres *Quatuors «du soleil»* –, dont Mozart
a eu connaissance, ne sont pas étrangères à cette
effervescence. De toute évidence, l'esthétique
mozartienne se trouve à ce moment devant un
tournant décisif et s'éloigne de la jovialité italienne.
Déjà, mais dans une moindre mesure, la *Sérénade
«Antretter»*, écrite à Vienne au mois d'août et
destinée à agrémenter le mariage du fils d'un notable
salzbourgeois, portait la trace de ce changement
d'inspiration. Le pas décisif, toutefois, ne sera franchi
qu'un peu plus tard, après le retour à Salzbourg, en
septembre 1773.

Année de grande fécondité, 1773 voit s'épanouir le génie de Mozart

Les derniers mois de l'année sont marqués par
un regain d'ardeur créatrice. C'est d'abord une
commande viennoise, la musique de scène avec
chœurs pour le drame héroïque de Tobias Philipp
von Gebler, *Thamos, roi d'Égypte*, qui préoccupe
Wolfgang – la lutte entre le Bien et le Mal, l'Ombre et
la Lumière –, dix-huit ans avant *la Flûte enchantée*.
Viennent ensuite deux symphonies n°s 28 et 25, dont
on ne peut nier les accents prémonitoires. Comment
ne pas être stupéfié par le souffle tragique qui émane
de cette dernière, écrite, qui plus est, dans la tonalité
inquiétante de *sol* mineur ? Comment ne pas être
étonné par la tension qui parcourt la 28e, composée,
semble-t-il, peu auparavant ? De même,
la 29e, de 1774, procédera des mêmes intentions,
inattendues chez un musicien de dix-huit ans, et
n'aura plus rien à voir avec les ouvertures à l'italienne
et leur sempiternelle coupe en trois parties,
auparavant baptisées symphonies.

À ce stade de sa carrière, Mozart a su infléchir
son propre parcours créatif, mais il a aussi marqué
l'histoire d'un genre musical.

Son originalité, sa volonté de s'éloigner des
joliesses du style galant, il va les affirmer avec un
éclat encore plus soutenu dans son premier véritable
concerto pour clavier et orchestre (les quatre
précédents n'étaient, nous l'avons dit, que des
adaptations de pages de Raupach, Schobert, Carl

❝ J'ai oublié de vous
dire l'autre jour, qu'au
concert, ma symphonie
(17e) [...] obtint le plus
grand succès. Il y avait
40 violons, on avait
doublé les bois, il y
avait 10 altos,
10 contrebasses,
8 violoncelles et
6 bassons. ❞
Wolfgang, 11 avril 1781.

Philipp Emanuel Bach, etc.). Ce *Concerto n° 5 KV 175* restera longtemps parmi ses préférés, à tel point qu'il le jouera encore à Vienne en 1782, avec un nouveau finale toutefois. Son allure conquérante, son caractère «jubilatoire», sont bien dignes d'un homme jeune, débordant de vitalité. Sa perpétuelle invention mélodique, le traitement de l'orchestre, devenu véritable partenaire et non plus simple accompagnateur, révèlent la maîtrise du compositeur.

La vogue du concerto *grosso*, dans lequel s'oppose un groupe d'instrumentistes (le concertino) et

l'orchestre (le grosso), avait connu son apogée au cours de la première moitié du dix-huitième siècle. La symphonie avait pris le relais, mais sa popularité n'avait pas pour autant freiné l'évolution du concerto, devenu, pour les solistes, le lieu d'expression idéal. L'imagination et le sens du théâtre de Wolfgang trouvent là un terrain inépuisable, nourri des influences les plus diverses.

Une fois passée la période d'exaltation, Mozart redevient le musicien de cour fidèle à ses devoirs

Les pages religieuses, les pièces de circonstance, font partie de ses obligations ; il s'en acquitte sans déplaisir mais aussi sans génie. Il est, de nouveau, un domestique aux ordres de son prince, un fournisseur soumis aux exigences des commanditaires. Une situation qui, on s'en doute, est loin de satisfaire un esprit qui fait montre de tant d'indépendance, y compris dans ses œuvres. Avec la *30e Symphonie*, datée du 5 mai 1774, il semble pourtant s'assagir et céder aux concessions du style galant, dont la mode est encore florissante. Comment y échapper, puisque c'est cette musique que Colloredo apprécie, et que lui demandent les Salzbourgeois ? Joseph Haydn lui-même a dû se rendre à l'évidence. Quant à Leopold, il s'est ému devant les dernières œuvres symphoniques de son fils, mais d'une façon inattendue. Il écrira, le 24 septembre 1778 : «Il vaut mieux ne pas faire connaître ce qui n'est pas à ton honneur. Pour cette raison, je n'ai rien distribué de tes *Symphonies*, sachant d'avance qu'avec l'âge mûr et une pénétration accrue, tu seras content de penser que personne ne les possède, même si, au moment de les écrire, elles ont pu te satisfaire.» On mesure ainsi la distance qui sépare de plus en plus Wolfgang de son père, aussi soucieux des conventions dans sa vie que dans sa musique.

Le goût de plaire, l'élégance sans audace de la galanterie seront ceux du *Concerto pour basson KV 191*, de la *Sérénade no 4 KV 203*, et, jusqu'à un certain

(77)

Die Hochfürstliche Hof-Musik.

Kapellmeister.

Herr Joseph Lolli.
Herr Dominicus Fischietti, den 5. Septemb. 1772.

Vicekapellmeister.

Herr Leopold Mozart, den 28. Feb. 1763.

Concertmeister.

Herr Johann Michael Hayden.
Herr Wolfgang Mozart.

Sopranisten.

Der ehrwürdige Herr Andreas Unterkofler, Titularhof-kapellan, und resignirter Kapellhauspräfect; und 10. auf dem hochfürstlichen Kapellhaus.

Altisten.

Vier aus dem Hochfürstlichen Kapellhaus.

Tenoristen.

Herr Joseph Michaelansky.
Herr Joseph Jungeisen.
Herr Anton Spitzeder.
Der E. Herr Franz Karl Schulz.

Paßisten.

Herr Joseph Niclaus Weißauer.

Organisten.

Herr Anton Cajetan Adlgasser.
Herr Franz Ignati Lipp.

Violinisten.

Herr Wenzl Saldo.
Herr Joseph Hülber.
Herr Franz de Paula Deibl.
Herr Andrä Mayr.
Herr Joseph Lackner.
Herr Andrä Pinzger.
Herr Johann Hafeneder.
Herr Johann Sebastian Vogt.

S ur la liste des musiciens de la chapelle de la cour de Salzbourg, en 1775, figurent les Mozart, père et fils, ainsi que Michaël Haydn (1737-1806).

❝ Le petit Wolfgang n'a pas le temps d'écrire, car il n'a rien à faire. Il tourne autour de la chambre comme un chien qui cherche ses puces. ❞

Wolfgang à sa sœur, 8 septembre 1773.

point, des six premières *Sonates pour clavier KV 279 à 284*, que Wolfgang écrit probablement à son propre usage.

La monotonie de son existence est rompue par une nouvelle commande, qui émane cette fois de la cour de Munich

L'Électeur de Bavière, Maximilien III, veut un opéra *buffa* pour sa prochaine saison du carnaval. Le livret de Ranieri da Calzabigi (collaborateur de Gluck pour *Orphée* et *Alceste*), avait déjà été mis en musique par Anfossi à Rome avec succès. Mais l'époque ne s'offusquait pas si différents compositeurs reprenaient le même canevas.

Toujours accompagné de son père, Mozart arrive à Munich au début du mois de décembre 1774, par un froid terrible. Nannerl les rejoindra un peu plus tard. Ils sont reçus avec une grande courtoisie et Wolfgang, dont le travail est déjà bien avancé, se sent parfaitement à son aise, malgré l'une de ces fluxions dentaires dont il est coutumier et qui le font horriblement souffrir. Sa correspondance témoigne de sa bonne humeur et abonde en jeux de mots, calembours, citations latines parodiques.

La première de l'opéra *buffa* devait avoir lieu le 29 décembre, mais le 20 les répétitions sont à peine commencées.

Le 13 janvier 1775, le succès de *la Finta giardiniera* est tel que tous les espoirs sont de nouveau permis

Pourquoi pas la commande, pour la saison suivante, d'un opéra *seria*, encore plus honorifique pour un musicien ? D'autant que le triomphe

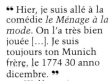

remporté par le jeune Salzbourgeois a renvoyé aux oubliettes, dès sa création, l'*Orfeo* d'Antonio Tozzi, qui aurait dû être le clou du carnaval ! «Dieu soit loué ! Mon opéra est monté, hier 13, *in scena*, et ce fut une telle réussite qu'il m'est impossible d'en décrire à maman tout le tumulte [...]. Quant à notre retour, il ne peut pas être de sitôt, [...] maman sait combien il fait bon souffler un peu. Nous reviendrons toujours assez tôt.» (Wolfgang, 14 janvier 1775).

Quant à Colloredo, il passera par Munich en ces jours de janvier et entendra chanter les louanges de son konzertmeister sans en faire grand cas. Des louanges qui seront sans doute plus tempérées que ce que Leopold a bien voulu faire croire, et dont les plus avisées laissent toujours

❞ Hier, je suis allé à la comédie *le Ménage à la mode*. On l'a très bien jouée [...]. Je suis toujours ton Munich frère, le 1774 30 anno dicembre. ❞
Wolfgang à sa sœur.

❞ L'opéra de Wolfgang a tellement plu, au cours de la répétition, qu'il a été reculé au 5 janvier, afin que les chanteurs puissent mieux l'apprendre [...]. Bref, la musique plaît étonnamment [...]. Maintenant le succès dépend de l'exécution théâtrale, mais cela doit être bon, du moins nous l'espérons, parce que les acteurs ne nous sont pas hostiles. ❞
Leopold, 28 décembre 1774.

percer la même
interrogation quant à
l'avenir de l'ex-enfant
prodige : «J'ai entendu un opéra *buffa*
de l'admirable génie Mozart...
Si Mozart n'est pas une
plante de serre, il deviendra un
des plus grands compositeurs qui aient
jamais vécu», écrit Christian Friedrich Daniel
Schubart dans la *Deutsche Chronik*.
En attendant, Wolfgang goûte la vie
facile de Munich, d'autant que
là au moins, il n'est pas traité
comme un domestique; le comte Seeau,
intendant de la musique et des spectacles,
l'a accueilli avec déférence.

Rien d'étonnant, donc, à ce que
son séjour se prolonge, tandis que *la Finta
giardiniera* est reprise plusieurs fois et que
deux de ses *Messes* sont exécutées à la
chapelle de la cour. Est-ce pour tester le
talent et le métier du jeune homme que le
prince électeur va souhaiter entendre un
motet en contrepoint ? Cet *Offertoire*,
Misericordias Domini, Mozart va l'écrire en
quelques jours.

Le violon,
l'instrument
virtuose par excellence,
celui qui sait le mieux
chanter. Dans toutes
les pages qu'il lui
destine, Mozart semble
penser à la voix
humaine et à son
indicible pouvoir
d'émotion.

**Comme Milan, Munich a fait un
accueil triomphal à Mozart... et
comme Milan, elle le laisse partir
les mains vides**

Il quittera Munich sans promesse au cas où un poste
se libérerait, et sans commande officielle. Seul un
riche amateur, le baron Thaddaus von Dürnitz, lui
demandera des sonates pour clavier, et diverses pages
pour basson. Après un duel amical au clavecin, selon
les usages du temps, avec le capitaine von Beecké
(dont tous les assistants s'accorderont à louer la

À l'exception du
*Concertone pour
deux violons KV 190*,
Wolfgang n'avait écrit
jusqu'alors que des
concertos
«intercalaires», insérés
dans ses *Sérénades* et
Cassations. En 1775, il
donne enfin au violon
un rôle à part entière.

virtuosité et le jeu exceptionnel, laissant à Wolfgang
l'avantage de mieux déchiffrer), la famille se remet en
route, pour arriver à Salzbourg le 7 mars 1775. Mozart
serait sans doute surpris, et déçu, si on lui disait qu'il
va y rester trente mois !

Au début, toutefois, tout se passe bien. En vue du
passage de l'archiduc Maximilien Franz, quatrième
fils de Marie-Thérèse, qui vient de séjourner près de
sa sœur Marie-Antoinette à Versailles, le prince-
archevêque a prié son konzertmeister d'écrire une
fête théâtrale : l'adorable *Roi pasteur*, sur un livret
de l'éternel Métastase. Mais, une fois retombés les
émois causés par la visite
princière, il faut subir
de nouveau la
routine. Les
obligations professionnelles de Wolfgang
l'obligent à jouer du violon ; Colloredo se charge de le
lui rappeler. Coup sur coup, entre avril et décembre
1775, cinq concertos voient le jour, dont deux, les
3e KV 216 et 5e KV 219, montrent que le musicien
s'est accommodé des contraintes du style galant pour
mieux les dépasser et garder son originalité. Si elles
en disent long sur son talent de violoniste, ces œuvres
sont aussi révélatrices de la physionomie alors
adoptée par un genre en pleine gestation.

1776. Mozart fête ses vingt ans. Il n'a plus rien à attendre de son existence provinciale

De plus, Colloredo a fait fermer le théâtre princier : un rude coup pour celui qui ne cesse de rêver d'opéra ! Une fois de plus, l'histoire de la vie se confond avec celle des œuvres : messes, divertimentos, pages de circonstance destinées à l'aristocratie locale qui a adopté le compositeur. Parmi celles-ci, la *Sérénade «Nocturne» no 6*, dans laquelle s'affrontent deux petits orchestres, le *Concerto pour trois claviers no 7 KV 242*, à l'usage de la comtesse Lodron et de ses deux filles, le *Concerto no 8 KV 246*, destiné à une autre élève, la comtesse von Lützow, toutes œuvres marquées du sceau de cette suprême distinction qui fait qu'on en reconnaît l'auteur dès les premières mesures. Beaucoup plus ambitieuse est la *Sérénade no 7 «Haffner»*, composée à l'occasion du mariage d'Elisabeth Haffner, la fille du bourgmestre.

Curieusement, la fin de l'année n'est consacrée qu'à la musique d'église, comme si Wolfgang se détournait de son passé et se mettait à douter. C'est au Padre Martini qu'il se confie, en lui envoyant le motet écrit à Munich, au sujet duquel il souhaite avoir son avis. «Très cher et vénéré Maître, je vous prie très instamment de m'en dire votre opinion, tout à fait franchement et sans réserve. [...] Je vis ici dans un pays où la musique fait très peu fortune [...]. Pour le théâtre, cela va mal, par manque de chanteurs. [...] Pour ma part, je m'amuse en attendant à écrire de la musique de chambre et d'Église : nous avons encore ici deux excellents contrapuntistes, qui sont M. Haydn et M. Adlgasser. Mon père est maître de chapelle à la cathédrale, ce qui me donne l'occasion d'écrire pour l'Église autant que je veux.» (4 septembre 1776). La réponse de l'ecclésiastique, courtoise mais distante, a le ton guindé d'une appréciation de bulletin trimestriel. «[les motets] m'ont beaucoup plu, car j'y ai trouvé tout ce qui distingue la musique moderne [...]. Mais il faut que vous continuiez infatigablement à vous exercer ; car la nature de la musique exige un exercice et une étude approfondis, aussi longtemps que l'on vit.»

Hieronymus Colloredo : en langage codé, Wolfgang et son père l'appelaient «le Mufti».

La décision s'impose, irrévocable : il faut quitter Salzbourg

Leopold envisage une nouvelle tournée de concerts, dont le but serait, en fait, la recherche d'une situation stable. C'est oublier Colloredo, qui laisse sans réponse la demande de congé. Il prétexte ensuite le prochain passage de Joseph II dans la cité, qui exige la présence des membres de sa chapelle. Troisième supplique, troisième refus, qui concerne le père seulement ; le fils peut partir s'il le désire.

Depuis le début de l'année 1777, Wolfgang n'a guère produit d'œuvre marquante, si ce n'est le *Concerto pour clavier n° 9 KV 271*, dont les premières

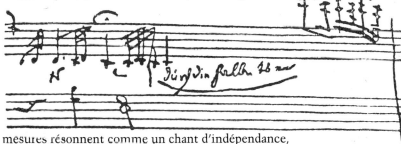

mesures résonnent comme un chant d'indépendance, et qui constitue le point de départ d'une longue série au cours de laquelle le génie mozartien s'épanouira autant que dans les opéras. La rencontre de sa dédicataire, la virtuose française Mlle Jeunehomme, comme celle de la cantatrice Josepha Duschek, quelque temps plus tard, sont deux éclaircies dans des mois chargés d'orage.

Car, si Colloredo se soucie de moins en moins de son konzertmeister, au point de l'utiliser surtout comme concertiste, il est toujours réticent à le laisser partir. À tel point que, le 1er août 1777, Wolfgang, excédé, démissionne. Le résultat ne se fait pas attendre. Par un décret du 28 août, père et fils obtiennent «selon l'Évangile, la permission d'aller chercher fortune ailleurs». Leopold se sent vieux, l'insécurité matérielle lui fait peur : il cède, et reste. Le 23 septembre 1777, accompagné de sa mère Anna Maria, Mozart dit au revoir à Salzbourg.

Mozart respire. Il a secoué le joug, laissé derrière lui la pesanteur et les contraintes despotiques de qui prétendait gouverner sa musique.
Il a fui sa prison. Salzbourg est loin, et la pénible pression des œuvres de commande. Le cœur gonflé d'espoir, il fait route vers Munich, convaincu que son génie va enfin éclater à la face du monde. Il a vingt et un ans, l'âge de toutes les illusions...

CHAPITRE IV
LES ILLUSIONS PERDUES

" Je suis toujours dans ma plus belle humeur: mon cœur est léger comme une plume depuis que je suis hors de ces chicanes ! "

Wolfgang,
26 septembre 1777.

Le 23 septembre 1777, Leopold Mozart est triste. Sa femme et son fils se sont éloignés pour de longs mois; il demeure à Salzbourg en compagnie de Nannerl, toujours vigilante. «Après votre départ, complètement épuisé, j'ai monté l'escalier et me suis jeté sur une chaise. J'avais énormément pris sur moi lorsque nous nous sommes quittés, pour ne pas amplifier la douleur de nos adieux... Nannerl pleurait tout ce qu'elle savait et j'ai dû me donner une peine énorme pour la consoler... Nous sommes allés nous coucher sous la garde de Dieu. Ainsi s'est écoulée cette triste journée, comme je ne croyais jamais devoir en vivre dans ma vie.» (Leopold, lettre du 25 septembre 1777). Wolfgang, lui, est de joyeuse humeur, et ne se gêne pas pour exprimer son soulagement d'être débarrassé de Colloredo. À tel point que son père est obligé de le rappeler à la prudence : «Je t'en prie, mon cher Wolfgang, n'écris plus rien d'aussi méchant au sujet du Mufti (sic!). Pense que je suis ici et que semblable lettre pourrait se perdre ou tomber entre d'autres mains.».

Le 24 septembre, les voyageurs sont déjà à Munich. Fort de sa réputation et du succès estimable remporté

En 1777, Leopold Mozart est âgé de cinquante-huit ans. Autant dire que sa carrière est déjà derrière lui. Il va passer ses dernières années à Salzbourg, sans jamais accéder aux charges de premier plan qu'il espérait. Comble d'ironie, *la Symphonie des «jouets»*, sans nul doute son œuvre la plus populaire, sera longtemps attribuée à Joseph Haydn.

trois ans auparavant avec *la Finta giardiniera*, Mozart reprend contact avec le comte Seccau mais aussi avec l'évêque de Chiemsee, le prince von Zeil, qui a la charge des théâtres. Grâce au violoncelliste Woschitka qui lui ménage une entrevue fortuite, il a même la chance de rencontrer Maximilien III en personne.

Mozart va l'apprendre à ses dépens : on ne contrarie pas impunément un prince

Peine perdue. Car les échos de sa mésentente avec son ancien patron sont déjà parvenus aux oreilles du souverain qui ne peut en aucun cas prendre le parti d'un serviteur en fuite et

Aujourd'hui troisième ville d'Allemagne, Munich fut fondée vers 1158. Elle devint la capitale de la Bavière en 1255.

❝ Papa chéri,
Je ne puis écrire en vers, je ne suis pas poète. Je ne puis distribuer les phrases assez artistement pour leur faire produire des ombres et des lumières, je ne suis pas peintre. Je ne puis non plus exprimer par des signes et une pantomime mes sentiments et mes pensées, je ne suis pas danseur. Mais je le puis par les sons : je suis musicien. ❞
Wolfgang,
8 novembre 1777.

risquer une brouille avec un voisin influent. C'est en vain que Wolfgang énonce ses références au monarque, qui les connaît fort bien et qui lui a fait conseiller par von Zeil d'aller se faire un nom en Italie avant de prétendre obtenir une place quelconque... Un comble ! Le musicien-épistolier rapporte leur dialogue, très fidèlement, ne comprenant pas, lorsqu'il affirme que Salzbourg n'est pas un endroit pour lui, qu'un tel argument peut lui être fatal.

Naïf Mozart, qui ne manifeste aucun sens des réalités, et qui, malgré les conseils de vieux courtisan que lui prodigue généreusement Leopold, n'a pas le moindre souci de ce qui peut lui être utile et le faire

La légèreté de la musique de Mozart est en fait le résultat d'un précieux équilibre : un peu de virtuosité et beaucoup d'imagination au service de l'expression la plus juste. Non pas la superficialité d'un XVIIIe siècle vu au travers des pires clichés, mais la porte ouverte sur une fantaisie toujours ourlée de mélancolie.

valoir! Certains de ses amis, dont Albert, aubergiste, mélomane éclairé et organisateur de concerts, aimeraient bien le voir rester à Munich et sont prêts à lui verser une pension jusqu'à l'obtention d'un poste – un projet qui irrite l'orgueil paternel. Une autre idée a continué de faire son chemin dans l'esprit du jeune homme, celle de participer à la renaissance de l'opéra allemand, dans un pays envahi musicalement par les Italiens. Mais il hésite encore, car il a retrouvé, à l'hôpital de la ville, le compositeur Myslivecek, rencontré à Bologne en 1770, qui tente de le persuader de retourner en Italie. Finalement, des ordres venus de Salzbourg le ramènent à la raison et, en fils obéissant, il s'y conforme. Il poursuivra son voyage jusqu'à Mannheim, en s'arrêtant à Augsbourg.

66 Ce matin 17, j'écris et j'affirme que notre petite cousine est belle, intelligente, aimable, raisonnable et gaie; cela vient de ce qu'elle a bravement fréquenté le monde; elle a aussi été quelque temps à Munich... **99**

Sau

Porco

Cochon

Sus

66 ... C'est vrai que nous allons très bien ensemble car elle est aussi un tant soit peu méchante langue! Nous nous moquons ensemble des gens, que c'est un plaisir. **99**
Wolfgang, 17 octobre 1777.

La très bourgeoise cité d'Augsbourg a tôt fait de décourager le fougueux Wolfgang

Il n'y a pas grand-chose à attendre de la ville dont est issue la branche paternelle de Mozart. Cette cité libre est peuplée de bourgeois établis, où même les musiciens ont des allures de notables, à l'image de Graf, compositeur local dont «toutes les paroles sont montées sur des échasses» (lettre du 14 octobre 1777). La plume féroce, Wolfgang s'en donne à cœur joie. Fort à propos, il va trouver une alliée inattendue dans sa cousine, Maria Anna Thekla, la fille de son oncle, le relieur Franz Aloys Mozart. Elle n'a pas froid aux yeux, la «Bäsle», ainsi qu'il la surnomme; les lettres quelque peu déboutonnées que son cousin lui enverra ne la feront pas rougir. C'est à elle, en effet, qu'il va réserver certaines de ses épîtres les plus

crues, dont les plaisanteries ouvertement
scatologiques vont faire frissonner des générations
d'admirateurs de l'enfant poudré et emperruqué, et
frétiller le stylo des analystes.

À Augsbourg, Wolfgang revoit Johann Andreas
Stein, facteur renommé, auquel il avait déjà rendu
visite en 1763, dont les orgues et les pianos l'ont
enthousiasmé. Les moments de plaisir qu'il passe aux
tribunes de Sainte-Croix et Saint-Ulrich lui feraient
oublier la lourdeur satisfaite des marchands enrichis
qui forment l'aristocratie du cru et déchaînent son
ironie. Il accepte malgré tout de se produire au cours
d'une académie au Cercle des Patriciens, mais
jusqu'au dernier moment sa participation est remise
en cause parce que le fils du bourgmestre s'est moqué
stupidement de sa croix de chevalier de l'Éperon d'or,

On entend par
académies, en
France du moins, un
certain nombre
d'institutions
officielles. Dans
l'Allemagne de Mozart,
ce terme servait à
désigner plus
précisément les
sociétés qui
organisaient des
concerts et, par
extension, les
manifestations elles-
mêmes.

que Leopold lui avait vivement conseillé d'arborer. Pour couronner le tout, le concert qu'il donne le 22 octobre est d'un maigre rapport. On comprend que dans ces conditions Mozart ait hâte de repartir et de quitter des lieux qui l'avaient déjà reçu avec tiédeur en 1763.

Le 30 octobre 1777, Anna Maria et son fils arrivent à Mannheim, cité dont la richesse musicale va enchanter Mozart

Aujourd'hui encore, on ne cesse de découvrir avec émerveillement les trésors musicaux dont pouvait s'enorgueillir la ville de l'Électeur Karl Theodor. Sous l'impulsion de Johann Stamitz s'était développé, dès les années 1740, un formidable courant tant esthétique que pratique (les instrumentistes qui composaient l'orchestre de la cour étaient d'un niveau exceptionnel), qui devait essaimer dans toute l'Europe et contribuer fortement à la naissance de la symphonie préclassique.

À Mannheim, dans ce milieu si fertile, Wolfgang va littéralement renaître. Sans souci de son passé ou de sa réputation, il va être enfin reconnu par des musiciens, et parmi les meilleurs : les compositeurs Cannabich et Holzbauer, le flûtiste Johann Baptist Wendling et sa famille, le hautboïste Friedrich Ramm, le violoniste Danner, le ténor Anton Raaf.

Karl Theodor (1724-1799), d'abord Électeur du Palatinat puis de Bavière, était un ardent défenseur des arts, des lettres et des sciences. Très lié avec Voltaire, mais aussi avec Klopstock, Jacobi et Wieland, il fonda en 1775 la Société palatine allemande pour la défense de la langue et de la littérature nationales.

Tous deviendront des amis et des guides aussi
compétents que précieux. L'antipathie du père
Vogler, kapellmeister à la cour, ou de Johann Sterkel,
musicien oublié, tous deux fort peu prisés du jeune
«sang-bouillant», n'y changera rien, pas plus que les
exhortations de Leopold, qui ne voit pas sans
inquiétude sa progéniture fréquenter un milieu
où l'on n'est guère à cheval sur la morale.

Mozart compte beaucoup sur Karl Theodor, qui ne lui apportera en réalité aucune aide

Ardent défenseur des arts, des lettres et des sciences,
le monarque règne sur le Palatinat depuis 1749.
D'abord influencé par la mode française – au point de
vouloir faire de son palais un autre Versailles –, il est
ensuite devenu le champion du retour à la culture
nationale. Inutile de préciser combien le Théâtre
national allemand, qu'il vient d'inaugurer, excite
l'imagination et les désirs de Wolfgang. Leur entrevue
le 6 novembre à l'issue d'un concert est suffisamment
cordiale pour que Mozart puisse croire un instant à la
possibilité d'une commande d'opéra.

Mais les jours passent, rien ne vient de la cour, et
l'argent commence à manquer. À Salzbourg, Leopold
s'inquiète. Père et fils écrivent beaucoup. Très vite, le
ton monte : «Le but du voyage, le but nécessaire,
était, est et doit être de trouver un emploi, ou tout au
moins de gagner de l'argent... Maintenant, nous
sommes dans la crotte et toujours pas un mot de vos
projets.» (Leopold, 27 novembre 1777).

Plus d'un mois après leur entretien, la réponse
tant attendue de Karl Theodor à la requête de
Wolfgang lui parvient : négative! Malgré tout, Mozart
décide de rester encore. Il se sent dans son élément, à
Mannheim, et composer le rend tellement heureux
que peu importe l'argent! La mort de Maximilien III,
Électeur de Bavière, va contrecarrer ses plans, puisque
Karl Theodor lui succède et part pour Munich,
bientôt suivi de tout son entourage.

En janvier 1778, une opportunité qu'il convient
de ne pas négliger se présente, lors d'un bref
déplacement à Kirchheim-Boland, chez la princesse
d'Orange. Wolfgang annonce la nouvelle à Leopold le

Virtuose, Aloysia
l'était
certainement : l'air de
concert *Popoli di
Tessaglia*, que Mozart
écrivit pour elle, atteint
les cimes vertigineuses
du contre-sol.

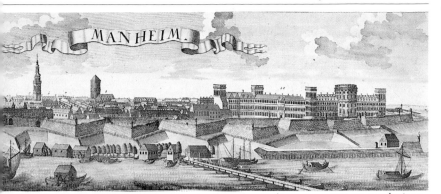

17 janvier : «Je toucherai au moins huit louis d'or car, comme elle a la passion du chant, j'ai fait copier quatre airs pour elle, et comme elle dispose d'un gentil petit orchestre et donne un concert tous les jours, je lui apporterai aussi une symphonie... La copie des airs ne me coûtera pas grand-chose, elle a été faite par un certain Herr Weber qui m'accompagne là-bas. Sa fille chante admirablement...»

Wolfgang vient de fêter ses vingt-deux ans ; Aloysia Weber en a tout juste dix-huit...

Si Mozart se prend soudain de compassion pour cette famille modeste, c'est bien évidemment qu'il est tombé amoureux de la jeune cantatrice. Au point de penser encore – et de plus en plus – à écrire un opéra, mais un opéra italien, maintenant, plus susceptible d'attirer l'attention sur sa bien-aimée. Mieux : il se montre incapable de dissimuler à son père son amour naissant et ses projets, au grand dam de Leopold ! Fridolin Weber n'occupe qu'un emploi subalterne de copiste et de choriste au théâtre de la cour ; sa fille est un parti inimaginable pour un père soucieux de respectabilité et décidé à voir son fils occuper une position sociale enviable.

Wolfgang va-t-il céder aux arguments paternels, à la peine sincère de celui qui, toute sa vie, a souhaité s'élever, sans répit, seul d'abord, puis à travers le génie de son fils ? Va-t-il se laisser émouvoir par le chantage de Leopold qui fait jouer son âge, par la

C'est sous le règne du père de Karl Theodor, Karl Philipp, que Mannheim commença de s'imposer en tant que centre musical, s'efforçant d'échapper à l'influence envahissante de l'Italie. Entre 1745 et 1777, l'effectif des chanteurs et musiciens attachés à la cour devait pratiquement doubler. Instrumentistes de qualité et souvent compositeurs, les gens de Mannheim excellaient tout particulièrement dans l'exécution des symphonies concertantes, genre dont ils s'étaient faits les plus ardents défenseurs.

condition difficile de Nannerl s'évertuant à donner des leçons pour entretenir le foyer, et par les frais (et les dettes!) d'un voyage qui, jusqu'à présent, n'a rien rapporté?

On peut être tenté de le croire, encore que Mozart ne renonce ni à son amour, ni à ses propres ambitions de créateur. Pour le moment, il consent à partir pour Paris, non sans avoir auparavant gratifié ses amis chanteurs, Raaf, Dorothea et Augusta Wendling, et bien entendu sa chère Aloysia, de plusieurs airs et ariettes.

Il faut neuf jours et demi aux voyageurs pour gagner la capitale française «sans voir quelqu'un, sans âme qui vive avec qui se promener ou causer» (lettre du 24 mars 1778). Ils y parviennent le 23 mars. Anna Maria est triste : Salzbourg lui manque ; elle sent que son fils subit sa présence sans vraiment l'accepter, et redoute de se retrouver seule en terre étrangère, sans la moindre notion de la langue du pays. Mozart, quant

On imagine mal Mozart professeur : dans sa correspondance, il dit lui-même son aversion pour un travail monotone, surtout lorsque l'élève est dépourvu de talent. Mais le problème va au-delà de ces considérations : s'il pense que donner des cours doit être réservé «aux gens qui ne savent pas faire autre chose que jouer du piano», c'est qu'il a entièrement conscience que le génie ne se transmet pas.

à lui, médite les conseils prodigués par le baron Grimm, que Leopold a réussi à joindre.

Un seul moyen pour subsister dès leur arrivée dans la capitale française : donner des leçons

On sait ce que Wolfgang pense de cette tâche : «C'est un genre de travail pour lequel je ne suis pas fait. Je donne volontiers ma leçon par complaisance, surtout lorsque je distingue chez quelqu'un du génie, la joie et le désir d'apprendre. Mais être obligé d'aller à des heures régulières dans une autre maison, l'attendre chez moi, je n'en suis pas capable, même pour de l'argent... Je ne dois ni ne puis enterrer ainsi le talent de compositeur que Dieu m'a donné.» (lettre du 7 février 1778). Pour l'instant, impossible de faire autrement.

Les premiers jours sont difficiles, dans un logis sordide où l'on ne peut même pas monter un instrument à clavier. Mais le baron Grimm et son amie, Mme d'Épinay, se chargent d'introduire le jeune homme dans les bonnes maisons. Et les amis de Mannheim sont là, Wendling, Ramm, Raaf.

Bientôt, les lettres d'Anna Maria à son mari se font plus rassurantes : ils ont trouvé un toit décent, Wolfgang a pu rencontrer Jean Le Gros, directeur de l'Association des Concerts Spirituels, et revoir Jean Georges Noverre, maître de ballet de l'Opéra. Il a été également présenté au duc de Guisnes, très bien vu à la cour. C'est à son usage et à celui de sa fille, devenue son élève, que Mozart écrit le célèbre *Concerto pour flûte et harpe KV 299.*

L a harpe en vogue à l'époque de Mozart n'était pas celle que devait perfectionner Sébastien Érard au début du XIXe siècle.

A ux environs de 1720, une série de transformations avait abouti à la harpe à pédales de Georg Hochbrucker. À chacune des sept pédales de l'instrument correspondait un degré de la gamme. C'est pour ce type de harpe que Mozart écrivit son *Concerto* dans lequel les cordes cristallines trouvent un partenaire de choix, la flûte. Une œuvre dont les concessions au goût galant, en faveur en France, ne suffisent pas à dissimuler la poésie.

Ces quelques satisfactions lui font oublier la désinvolture de certains qui, telle la duchesse de Chabot, le traitent avec une politesse qui ressemble à s'y méprendre au pire dédain : après l'avoir fait attendre dans une pièce glacée, on l'oblige à jouer sur un pianoforte médiocre, pendant que toute l'assemblée dessine !

Paris qui, quinze ans plus tôt, s'était entiché du prodige, ne lui réserve aujourd'hui qu'indifférence ou hostilité

Les déceptions ne tardent pas : la partition de la *Symphonie concertante KV 297b* pour flûte, hautbois, cor et basson, qui devait être créée aux Concerts Spirituels par Wendling et ses compagnons n'est même pas copiée. Une cabale fomentée par un compositeur aujourd'hui oublié, Giovanni Guiseppe Cambini, qui craint de voir sa suprématie menacée ? Wolfgang le croit un moment. Mais la négligence de Le Gros est plus vraisemblable ; dommage pour cette œuvre luxuriante, dans laquelle le goût français se trouve détourné par l'esprit de Mannheim.

Au milieu de ces inquiétudes, de ces tensions, de ces humiliations, dont la *Sonate pour clavier n⁰ 8 KV 310* porte la trace douloureuse, la *Symphonie n⁰ 31 «Paris»*, commandée par un Le Gros soucieux de se faire pardonner, et exécutée le 18 juin aux Concerts Spirituels, est comme un rayon de soleil.

Paris ignore Mozart et ne lui offre rien, si ce n'est un poste

L' unique copie qui subsiste de la *Symphonie concertante KV 297b* ne mentionne aucune flûte mais une clarinette. Un changement qui s'explique par l'enthousiasme de Mozart à l'égard de cette dernière et sa haine pour la flûte : «Sitôt que je dois écrire sans arrêt pour un instrument que je ne peux pas souffrir, je deviens complètement ankylosé.» (14 février 1778).

d'organiste à Versailles, qui ne l'intéresse guère. Il déteste Paris, ville versatile et soumise à la mode.

La pire épreuve que lui réserve son voyage, Mozart ne va pas tarder à la subir

Vers la mi-juin, la santé chancelante d'Anna Maria décline peu à peu; la fièvre s'empare d'elle et le 3 juillet, après quelques heures de coma, elle s'éteint tranquillement. La douleur et la solitude de Wolfgang sont profondes, mais sa pudeur le pousse à les cacher derrière le masque de la résignation. En même temps, libéré d'une tutelle qui commençait à lui peser, on le sent revivre. De nouveau, la pensée d'Aloysia ne le quitte pas. Il pense même prolonger son séjour, au cas où il pourrait décrocher la commande d'un opéra. C'est oublier Leopold et Grimm. Tous deux sont

L'église des Saints-Innocents à Paris où furent célébrées les obsèques de la mère de Wolfgang : «J'ai tout supporté avec fermeté et abandon, avec la grâce particulière de Dieu. Quand l'état de ma mère fut tout à fait grave, je n'ai plus demandé à Dieu que deux choses, d'abord, pour ma mère, des derniers moments heureux, et pour moi, force et courage.» (Wolfgang, 3 juillet 1778).

restés en correspondance, et les avis du baron sont,
à Salzbourg, parole d'Évangile. Or la cordialité des
premiers jours a fait place à une antipathie déclarée :
Wolfgang a dû emprunter de l'argent à son protecteur
et s'est entendu vertement rappeler sa dette ; sans
compter qu'il a refusé de prendre son parti contre
Gluck, en faveur des Italiens. Rien d'étonnant alors
dans l'attitude de Grimm, qui ne lui trouve aucune
des qualités suffisantes pour réussir à Paris, et
s'emploie à le faire rentrer au bercail.

La visite, au début du mois d'août, de Jean-
Chrétien Bach et du castrat Tenducci met un peu
de baume au cœur de Mozart. Son père de son côté
intensifie ses démarches, fait de nouvelles tentatives
auprès de Karl Theodor, appelle à l'aide le Padre
Martini, pour finalement persuader son fils de rentrer
au pays. L'organiste Adlgasser et le kapellmeister
Lolli viennent de mourir, il faut saisir l'occasion.
Colloredo est d'accord, il acceptera même de laisser
son musicien se déplacer pour honorer des contrats
éventuels. Si Wolfgang refuse, il risque d'être
responsable de la mort de son vieux père et des dettes
accumulées. S'il accepte, Aloysia Weber pourra venir
elle aussi tenter sa chance à la cour !

La mort dans l'âme, Mozart se soumet aux adjurations paternelles : il se résout à rentrer à Salzbourg

Le 26 septembre, le baron Grimm l'embarque
littéralement dans une voiture en route pour
Strasbourg, d'où il ne repartira que le 3 novembre,
après y avoir donné trois concerts. Trois jours plus
tard, il arrive... à Mannheim. Détour imprévu par la
ville d'Aloysia (laquelle vient d'être engagée à
Munich), où le retient un moment le projet d'un
mélodrame inspiré de la *Sémiramis* de Voltaire.
Leopold ne décolère pas. Il lui faudra pourtant se faire
une raison, car la prochaine étape du voyage, c'est
Munich. Les retrouvailles avec Aloysia ont lieu le
jour de Noël. Wolfgang avait quitté une jeune
débutante, il est maintenant en face d'une cantatrice
confirmée, qui ne pense qu'à sa carrière. Le choc est
rude, mais peut-on rêver plus prestigieux cadeau

❝ Si ta mère était
revenue de Mannheim,
elle ne serait pas morte
[...]. Tu serais arrivé à
Paris à un meilleur
moment [...] et ma
pauvre épouse serait
encore à Salzbourg. ❞
Leopold, 27 août 1778.

d'adieu que l'air de concert *Popoli di Tessaglia* pour mettre en valeur la voix de la bien-aimée ?

Après avoir offert à la princesse électrice les *Sonates pour violon et clavier KV 301 à 306*, gravées à Paris, il ne reste plus à Mozart qu'à reprendre la route, en compagnie de sa chère Bäsle, venue le rejoindre. Le 16 janvier 1779, après une séparation de quinze mois, Wolfgang retrouve son père et sa sœur. Retrouvailles assombries par l'absence d'Anna Maria, enterrée dans la France lointaine.

❝ Vous seul, très cher Père, pouvez m'adoucir l'amertume de Salzbourg et vous le ferez, j'en suis tout à fait sûr. ❞
Wolfgang,
5 octobre 1778.

Mozart a déposé les armes : il se résigne à subir de nouveau les brimades de Colloredo. Pourtant sa création s'est enrichie au contact des musiciens italiens, allemands et français... Et surtout, si le public l'ignore encore, il sait maintenant qu'il est Mozart, un génie sans rival.

CHAPITRE V

«AUJOURD'HUI COMMENCE MON BONHEUR...»

Bibliothèque Publique d'Embrun

Dans les œuvres composées de 1779 à 1782, le Mozart des années viennoises est déjà présent.

Dès le 17 janvier 1779 – six jours avant de fêter ses vingt-trois ans – voilà Mozart officiellement organiste du prince-archevêque de Salzbourg. La mélancolie du retour, la grisaille du quotidien, l'obligation de fournir à la demande les œuvres qu'exige sa fonction (parmi lesquelles, en mars, la *Messe «du couronnement»*) vont être tempérées par la présence d'une troupe de comédiens dirigée par un certain Boehm : le démon de l'opéra n'a pas quitté Wolfgang. Pour cette compagnie itinérante, *la Finta giardiniera* devient un *Singspiel* populaire en allemand, où alternent, comme l'exige ce genre proche de l'opéra-comique, airs et dialogues parlés. Un autre Singspiel, *Zaïde ou le Sérail* reste inachevé – mais quelques mois plus tard, *l'Enlèvement au sérail* sera mis en chantier. Aux acteurs de Boehm succèdent ceux d'Emanuel Schikaneder, futur librettiste de *la Flûte enchantée*.

Mozart, pourtant, s'ennuie à mourir et en perd jusqu'au goût de composer

Les joies du théâtre, les rencontres avec les œuvres de Lessing, Shakespeare ou Beaumarchais rompent la monotonie des jours. Leopold, lui, semble heureux d'avoir vu se reformer son cercle de famille.

Mozart crée peu. Une symphonie, la *33e* (la première depuis 1774 !), une curieuse *Sérénade KV 320*, traversée par les appels joyeux autant qu'insolites d'un cor de postillon qui lui laissera son surnom, et dont l'énergie n'est pas exempte de pathétique ; et surtout la formidable *Symphonie concertante pour violon et alto KV 364*, grandiose, d'une puissance expressive inouïe, comptent parmi les fleurons de sa production. Mais entre l'automne 1779 et l'été 1780 (la *34e Symphonie* date du 29 août), rien, ou presque, ne sort de sa plume. Crise passagère ? Refus de se cantonner dans des genres imposés par sa charge ou le goût de ses compatriotes ?

Karl Theodor va offrir à Mozart l'occasion de réussir son premier grand opéra, *Idoménée*

Maintenant à Munich, le prince électeur Karl Theodor commande un opéra *seria* pour le carnaval.

La seconde moitié du XVIIIe siècle voit s'épanouir la vogue du concerto mais aussi de la symphonie concertante, prétexte à d'heureux mariages de timbres. Nombreuses sont les œuvres dédiées au clavier ou au violon, mais aussi au hautbois, à la trompette, à la clarinette... Pour le cor, Mozart écrit trois concertos, tous en *mi* bémol, dont deux au moins étaient dédiés à Ignaz Leitgeb, corniste et marchand de

fromage. Grave et chaleureux, le son de l'instrument est aussi émouvant pour l'auditeur que difficile à maîtriser pour le soliste, surtout dans le registre aigu.

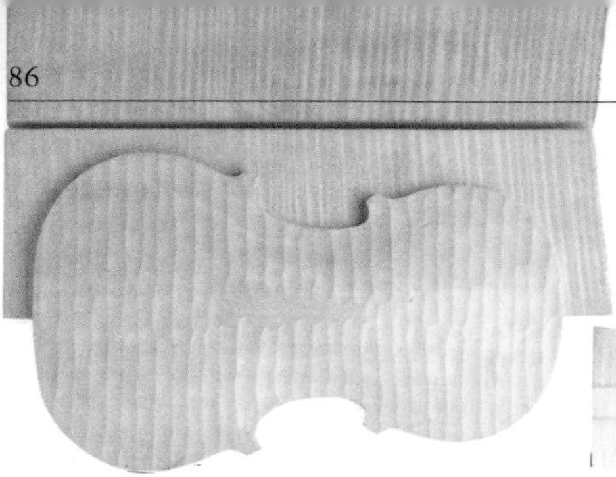

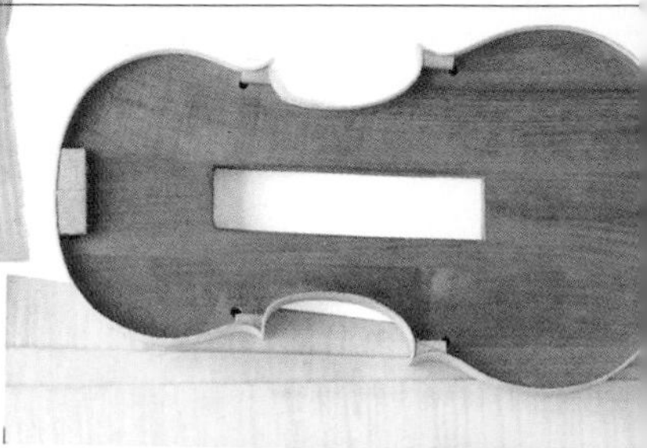

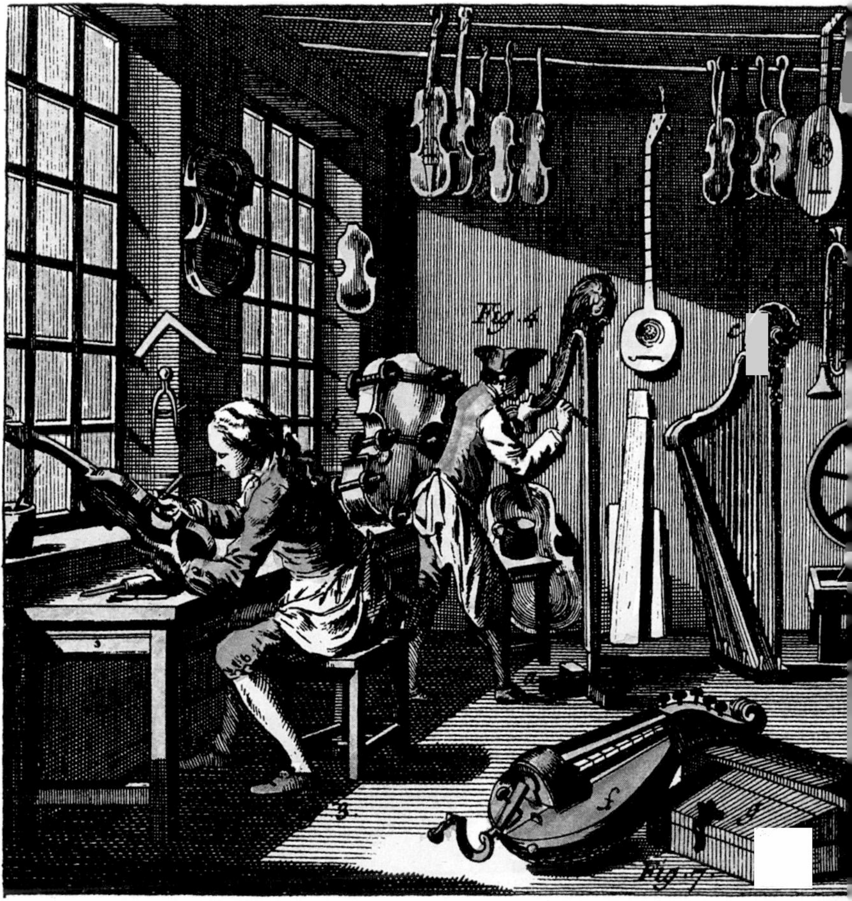
Fig. 4
Fig. 7

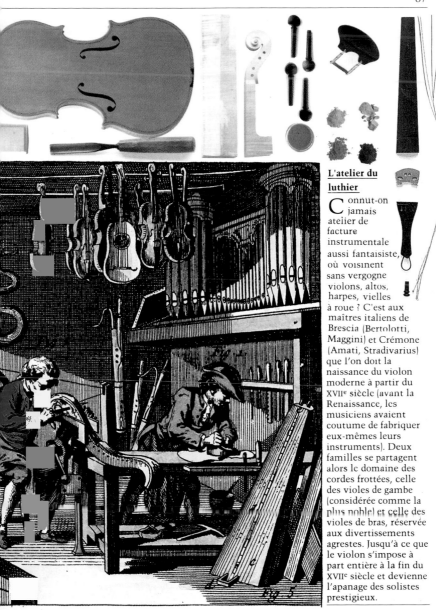

L'atelier du luthier

C onnut-on jamais atelier de facture instrumentale aussi fantaisiste, où voisinent sans vergogne violons, altos, harpes, vielles à roue ? C'est aux maîtres italiens de Brescia (Bertolotti, Maggini) et Crémone (Amati, Stradivarius) que l'on doit la naissance du violon moderne à partir du XVIIᵉ siècle (avant la Renaissance, les musiciens avaient coutume de fabriquer eux-mêmes leurs instruments). Deux familles se partagent alors le domaine des cordes frottées, celle des violes de gambe (considérée comme la plus noble) et celle des violes de bras, réservée aux divertissements agrestes. Jusqu'à ce que le violon s'impose à part entière à la fin du XVIIᵉ siècle et devienne l'apanage des solistes prestigieux.

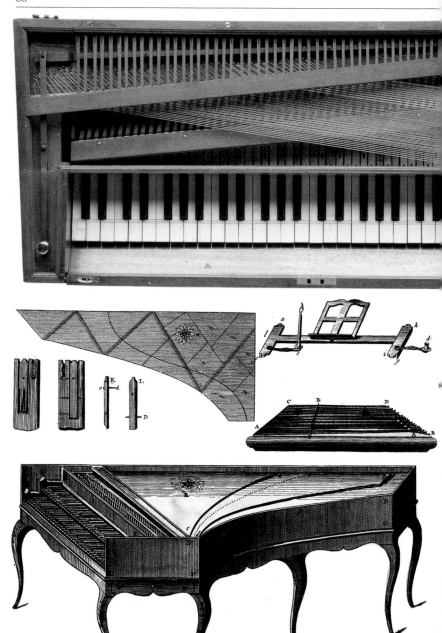

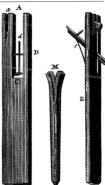

Le clavier disséqué

D u clavecin au
clavicorde en
passant par l'épinette,
voici l'essentiel des
instruments à clavier
en usage au XVIIIe siècle
(grand absent : le
pianoforte, inventé par
Cristofori à Florence en
1698). Contrairement
au clavecin et à
l'épinette, dont un
sautereau muni à son
extrémité d'un bec de
plume ou de cuir pince
les cordes, le clavicorde
fait partie des cordes
frappées. C'est l'Italie,
qui, au XVe siècle, fixe
la forme définitive du
clavecin, instrument
qui contribuera de
manière capitale à
l'évolution des formes
musicales en Europe.
De plus petite
dimension, avec des
cordes perpendiculaires
(et non parallèles) au
clavier ou disposées
obliquement, l'épinette
connut son apogée aux
XVIe et XVIIe siècles.

IDOMENEO.

DRAMMA

PER

MUSICA

DA RAPPRESENTARSI

NEL TEATRO NUOVO DI
CORTE

PER COMANDO
DI S.A.S.E.

CARLO TEODORO

Come Palatino del Rheno, Duca dell'
alta, e bassa Baviera, e del Palatinato
Superiore, etc. etc. Archidapifero,
et Elettore, etc. etc.

NEL CARNOVALE

1781.

La Poesia è del Signor Abate Giambattista Varesco
Capellano di Corte di S.A.R. l'Arcivescovo, e Principe di Salisburgo.
La Musica è del Signor Maestro Wolfgango Amadeo Mozart Academico di Bologna, e di Verona, in
attual servizio di S.A.R. l'Arcivescovo, e Principe
di Salisburgo.
La Traduzione è del Signor Andrea Schachtner,
pure in attual servizio di S.A.R. l'Arcivescovo, e
Principe di Salisburgo.

MONACO.

Appresso Francesco Giuseppe Thuille.

Le livret d'*Idomeneo, rè di Creta* est signé du chapelain de la cour de Salzbourg, l'abbé Varesco. Colloredo ne peut refuser ce double honneur : il accorde à son organiste six semaines de congé, qui se prolongeront quatre mois.

La famille Weber a quitté Munich pour s'établir à Vienne, où Aloysia a été engagée. Mais les amis fidèles sont là, le flûtiste Becke, Wendling, Raaf, Cannabich. Ce climat d'affection ne peut qu'être favorable à l'activité créatrice de Wolfgang, particulièrement fiévreuse : «Ma tête et mes mains sont tellement prises par le troisième acte qu'il n'y aurait rien de miraculeux à ce que je sois moi-même changé en troisième acte.» (lettre du 3 janvier 1781).

Après le décès de l'impératrice, Colloredo a dû se rendre à Vienne. Leopold et Nannerl en profitent pour venir assister au triomphe d'*Idomeneo*, le 29 janvier 1781. Triomphe éphémère, car l'ambiguïté d'une musique, qui brise le carcan des conventions de l'opéra *seria* et confère humanité et émotion aux protagonistes du drame, a de quoi déconcerter. Mais Mozart est heureux.

Son patron ne l'oublie pas pour autant et lui intime l'ordre de le rejoindre à Vienne, où leurs relations ne tardent pas à tourner à l'affrontement. Auréolé de son récent succès, le compositeur ne tolère plus d'être traité comme un domestique, lui qui a ses entrées dans l'aristocratie viennoise. Il souffre d'être ravalé au rang des autres serviteurs du prince, le violoniste Brunetti et le castrat Ceccarelli.

C'est au XVIIIe siècle que l'opéra *seria* connut son apogée. Par des récitatifs chargés de faire avancer l'action et des arias qui laissent libre cours à l'expression des sentiments, héros antiques et mythologiques prônent les vertus morales sur des textes ampoulés de Métastase et de ses épigones. Jamais, pourtant, les chanteurs n'oublient qu'ils sont déjà des stars.

Le conflit s'envenime avec Colloredo... ce dont Mozart se réjouit secrètement

Quel but le prince-archevêque poursuit-il? Mater un employé rebelle, qui menace l'équilibre de sa chapelle particulière en faisant montre d'exigences supérieures à celles des autres membres? Toujours est-il qu'il déclenche les hostilités en tentant – en vain – d'empêcher Wolfgang de participer à un concert organisé par la Wiener Tonkünstlersozietät au profit des veuves et des orphelins de musiciens.

   Mozart, quant à lui, a compris que son intérêt est de rester à Vienne. Le succès qu'il vient d'y remporter, ses relations parmi la noblesse, la comtesse Thun ou le comte Cobenzl, la présence d'amis sûrs, tel Mesmer : tout le porte à croire qu'il peut fort bien gagner sa vie dans la capitale, d'autant que l'inspecteur du Théâtre allemand, Gottlieb Stephanie «le Jeune», pense lui confier un opéra. Il attend la rupture, il la souhaite même (à la grande

"J'ai ici les plus belles et les plus utiles connaissances du monde [...]. On me témoigne tout l'honneur possible [...]. Et l'on me paie en conséquence. Et il me faudrait pour 400 florins languir à Salzbourg [...]. Languir sans paiement sérieux, sans encouragements? À quoi cela aboutirait-il? Toujours à la même chose : je devrais me laisser insulter à mort ou de nouveau partir.**"**
   Wolfgang à Leopold, 12 mai 1781.

frayeur de Leopold). Elle ne tarde pas. Dans la lettre qu'il adresse à son père, en partie chiffrée, datée du 9 mai, il relate en détail l'entrevue orageuse qui aura pour conséquence sa démission, n'épargnant rien des injures que, dans sa fureur, l'archevêque ne ménage pas. Pour terminer sur un cri de joie et de colère :

«Je vous conjure d'être gai car aujourd'hui commence mon bonheur et j'espère qu'il sera aussi le vôtre... Je ne veux plus rien savoir de Salzbourg.» Pour la première fois dans l'histoire de la musique, un compositeur a privilégié sa création, refusé la sécurité au prix de la servilité, choisi la liberté !

Il lui faudra encore un mois pour que son indépendance soit définitive, car Leopold s'en mêle et demande assistance au comte von Arco, qui assène à un Wolfgang irréductible des leçons de morale, dont certaines s'avéreront par la suite quelque peu fondées (il le met en garde, entre autres, contre l'inconstance et la frivolité des Viennois), et termine ses réprimandes par un coup de pied au derrière demeuré célèbre. Il est temps pour Wolfgang de se mettre à distance de l'autorité paternelle.

Il faut que vous preniez encore un peu de patience, et puis je pourrai bien vous montrer, d'une manière effective, combien Vienne est utile à tous [...]. Il est certain qu'à Salzbourg je soupire après cent distractions et ici [...] à aucune. Car être à Vienne est déjà une assez grande distraction.
Wolfgang à Leopold,
26 mai 1791.

<u>Mozart va payer cher sa courageuse rupture avec le prince : à Vienne le voilà libre mais sans un sou, contraint de se débrouiller pour gagner sa vie</u>

Depuis le mois de mai, il loge à L'Œil de Dieu, une maison tenue par Mme Weber. Il n'a pas oublié complètement Aloysia, mariée à Josef Lange ; il ne pense pas encore à Constance, il est simplement un locataire comme un autre.

Petit à petit, la vie s'organise, avec difficulté. Mozart n'accepte d'abord qu'une seule élève, la comtesse Rumbeck. Il lance aussi une souscription

pour la publication chez l'éditeur Artaria des quatre *Sonates pour violon et clavier KV 376, 377, 379, 380.* Mais l'activité musicale de l'été est réduite. C'est encore le théâtre qui va être sa planche de salut : Gottlieb Stephanie confirme sa commande et, le 30 juillet 1781, remet au compositeur le livret de *l'Enlèvement au sérail,* dont la création est prévue pour la visite, à la fin de l'année, du grand-duc Paul de Russie, fils de Catherine II.

Wolfgang va enfin réaliser son rêve : écrire un opéra allemand, participant ainsi au relèvement de l'art national souhaité par l'empereur Joseph II. Il lui faudra toutefois un an pour mener à bien son projet. Entre-temps ses rapports avec Leopold n'iront pas en s'arrangeant.

Car on commence à jaser sérieusement à propos de Mozart et de Constance Weber

Les commérages vont bon train et parviennent sans peine jusqu'à Salzbourg. Il est vrai que l'affection qui unit les deux jeunes gens est réelle, sans rien pourtant de l'amour brûlant et juvénile éprouvé jadis pour Aloysia. Poussé par Johann Thorwart, tuteur des filles Weber depuis la mort de Fridolin, et par sa futur belle-mère, Wolfgang accepte les fiançailles. Auprès de son père, il se justifie en invoquant la nécessité de «sauver cette pauvre fille», qui «n'a pas de vivacité d'esprit, mais suffisamment de sain bon sens pour pouvoir remplir ses devoirs de femme et de mère.» (lettre du 15 décembre 1781).

Pendant ce temps, *l'Enlèvement* n'avance pas, les nouvelles compositions se font rares. Mozart espère toujours se placer à la cour,

Antonio Salieri (1750-1825), compositeur de la cour de Vienne dès 1774, fut davantage un prédécesseur qu'un rival de Mozart.

En 1776, Joseph II entreprend de réformer le Burgtheater de Vienne, qui devient le Théâtre national. En 1778, il lui adjoint un Singspiel National, dans le but de rendre à la musique allemande sa juste place.

Outre le personnage de Constance (*l'Enlèvement au sérail*), Mozart écrivit, à l'intention de Catarina Cavalieri, l'air d'Elvira, «Mi tradi» à l'occasion de la création viennoise de *Don Giovanni.*

comme professeur d'Elisabeth de Wurtemberg, par exemple, mais on lui préfère Salieri. Peu après, un «tournoi» pianistique contre Muzio Clementi, compositeur et virtuose, conforte sa réputation et lui permet de terminer l'année dans l'optimisme et de rassurer son père. Mme von Trattner, épouse d'un riche éditeur, les comtesses Palfy et Zichy comptent parmi ses élèves, et le produit des leçons lui permet de vivre modestement. Les rapports avec Leopold, en revanche, sont toujours aussi tendus, et la perspective du mariage avec Constance n'arrange rien. Wolfgang souhaite pourtant sincèrement obtenir la bénédiction paternelle.

> " Je crois voir en cette pièce (*l'Enlèvement*) ce que sont pour chaque homme ses joyeuses années de jeunesse, dont il ne peut jamais retrouver telle quelle la floraison. "
>
> Weber, 1818.

En 1782, toutes les contingences matérielles sont oubliées : Mozart s'enthousiasme pour la musique de Jean-Sébastien Bach

L'événement de sa vie musicale à cette période, Wolfgang le doit au baron Gottfried van Swieten qui lui permet de redécouvrir les œuvres de Haendel et surtout celles de Jean-Sébastien Bach (peu de temps, d'ailleurs, après la mort de son ami Jean-Chrétien). La beauté et la complexité de ces dernières intriguent et passionnent Mozart au point qu'il transcrit, pour l'orchestre du baron, des *Fugues* du *Clavier bien tempéré* pour lesquelles il improvise des *Préludes*.

Une expérience originale retient son attention : un certain Martin a fondé une association, les Concerts des dilettantes, et obtenu de l'empereur l'autorisation d'organiser, l'été, des manifestations dans le jardin de l'Augarten et sur les plus belles places de Vienne. Wolfgang est de la partie, et l'archiduc Maximilien honore de sa présence la première soirée.

Constanze. Baffa Selim. Pedrillo. Das Sarail. Le S... Der Stumme. Le Muet. Osmin.

Mais c'est bien sûr la composition de son opéra qui occupe la plupart du temps de Mozart jusqu'à la fin mai. Le 16 juillet, la première de *l'Enlèvement au sérail* suscite des réactions mitigées ou enthousiastes. «Trop de notes, mon cher Mozart», aurait dit Joseph II, qui aurait dû, pourtant, se montrer sensible aux idées de tolérance et de générosité magnifiées par une partition brillant de tout l'éclat de la jeunesse, exaltant la liberté et l'amour. Le public, lui, ne s'y trompe pas et fait un triomphe à *l'Enlèvement*, tout au long des seize reprises programmées en quelques mois : «Mon opéra a été donné hier pour la troisième fois avec un *applauso* général [...] et la salle a été de nouveau comble en dépit de l'effroyable chaleur [...]. Les gens, je puis le dire, sont vraiment fous de cet opéra – cela fait tout de même du bien d'obtenir un pareil succès.» (Mozart, 27 juillet 1782).

Est-ce un hasard si l'héroïne, dont le pacha Selim et Belmonte sont épris, s'appelle Constance ? Ne relions pas trop imprudemment cette coïncidence à la vie privée du compositeur. D'autant que les fiancés viennent de vivre des moments pénibles, auxquels Frau Weber n'est sûrement pas étrangère, elle qui a si bien su tirer parti de la situation en faisant signer à son futur gendre une promesse de mariage l'obligeant à payer à sa fille trois cents florins par an s'il ne tenait pas ses engagements – un document aussitôt déchiré par Constance elle-même.

En plus d'un quintette vocal dominé par la Cavalieri, Adamberger et la célèbre basse Ludwig Fischer (dans le rôle d'Osmin), un rôle muet, celui du pacha Selim.

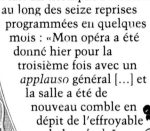

Therese Teyber

Valent Adamberger

Catarina Cavalieri

Ernst Dauer

Belmonte.

Blonde.

Capitaine du vaisseau

Le mariage a lieu le 4 août, à la cathédrale Saint-Étienne

La bénédiction de Leopold n'arrivera que le lendemain. Wolfgang est maintenant chargé de famille. Il vient de terminer sa *Symphonie «Haffner» no 35*, autre commande du bourgmestre de Salzbourg, mais ses perspectives d'avenir sont toujours incertaines : Joseph II et la cour ne donnent pas signe de vie. Un moment, il songe à tourner ses regards vers la France ou l'Angleterre. Constance lui annonce qu'elle est enceinte. L'automne est là, avec de nouveau les leçons, les académies. Coup sur coup, la série des concertos pour clavier s'enrichit de trois numéros, *11e, 12e, 13e, KV 413, 414, 415*, qui «trouvent le juste milieu entre le trop difficile et le trop facile. Ils sont très "brillants", agréables à l'oreille, naturels, sans tomber dans la pauvreté. Pour obtenir le succès, il faut écrire des choses si compréhensibles qu'un cocher pourra les chanter ensuite, ou bien si incompréhensibles qu'elles plaisent justement parce qu'aucun être raisonnable

Commencée en 1147, la cathédrale Saint-Étienne, détruite par un incendie, ne fut reconstruite qu'au début du XIVe siècle, et sa tour gothique, haute de 150 mètres, fut terminée en 1433. En 1791, peu avant sa mort, Mozart obtint de la municipalité de Vienne le titre d'adjoint au kapellmeister de la cathédrale, Leopold Hoffmann, et la promesse de lui succéder au cas où il viendrait à décéder.

L a réhabilitation de Constance Mozart est relativement récente. La légende, une fois encore, s'est mêlée à la réalité, atteignant les limites de la diffamation. Elle était soi-disant dépensière et insouciante. De nombreux documents attestent, au contraire, qu'elle était une femme d'affaires avisée, prête à défendre fermement l'œuvre de son mari.

ne peut les comprendre.» (lettre du 28 décembre 1782). Mais le Mozart le plus intime, c'est dans le premier des six *Quatuors à cordes* dédiés à Joseph Haydn (*KV 387*), qu'il s'exprimera.

L'année 1783 commence dans une insouciance bien naturelle chez deux jeunes mariés (il a vingt-sept ans, elle en a dix-neuf) qui attendent leur premier-né. Les leçons, les concerts rapportent suffisamment ; et la fermeture de l'Opéra allemand, qui met fin provisoirement aux espoirs de relèvement d'une culture nationale et favorise le retour en force des Italiens, rondement mené par Salieri, jette à peine une ombre au tableau.

S chlichtegroll, l'un des biographes de Mozart, témoigne que Constance était «une bonne mère pour deux enfants nés de leur union, et une digne épouse qui chercha en outre à l'empêcher de se livrer à maintes sottises et à maints excès».

L'opéra allemand n'est plus ? Vive l'opéra italien !

La rencontre, en mars, de l'ex-abbé Lorenzo Da Ponte (condamné par l'Église pour libertinage) va changer le cours de la vie musicale de Wolfgang. Il reprend contact avec le librettiste d'*Idomeneo*, l'abbé Varesco, qu'il se propose de rencontrer lors d'un voyage à Salzbourg prévu pendant l'été. Ce dernier séjour dans sa ville natale durera trois mois. Trois mois de malaise et de gêne pour Constance, et aussi pour son mari, toujours employé de Colloredo, puisque aucun écrit ne prouve que sa démission a été acceptée. Trois mois pendant lesquels Mozart écrit les *Duos pour violon et alto KV 423 et 424*, pour aider Michaël Haydn, malade, et fait entendre à ses concitoyens sa *Messe en ut mineur KV 427*, composée à la suite d'un vœu fait quelque temps avant son mariage pour obtenir la guérison de Constance, et restée inachevée.

Les époux n'ont pas amené avec eux le petit Raimund, «beau et solide garçon, rond comme une boule», né le 17 juin, la nuit où son père achevait le second des *Quatuors* dédiés à Haydn (*KV 421*). Ils n'ont nulle envie de s'éterniser : arrivés fin juillet, ils repartent fin octobre. Le voyage de retour passe par Linz, où Wolfgang écrit en quatre jours sa *Symphonie n° 36*, pour remercier le comte Thun de son hospitalité. Une triste nouvelle les attend à Vienne : pendant leur absence, le bébé est mort. Malgré sa peine, Mozart garde confiance.

T reize quatuors à cordes jalonnent l'itinéraire de la création mozartienne entre 1770 et 1790.

Les concerts se multiplient, la capitale continue de faire fête au compositeur

Et voici encore quatre concertos pour clavier, dont deux dédiés à sa nouvelle et talentueuse élève, Babette Ployer (les *14e KV 449* et *17e KV 453*), et deux autres, qui «mettent en nage» (les *15e KV 450* et *16e KV 451*), pour le propre usage de leur auteur. À ce rythme, on ne voit guère passer le temps. L'été 1784 est bientôt là. Constance attend un enfant pour le début de l'automne. À Salzbourg, Nannerl, qui ne reverra jamais son frère, s'est enfin mariée, avec un baron.

EINLASS - KARTE
ZUM
CONCERT
VON
W. A. Mozart.

❝ Avec mon académie par souscription, je me suis fait beaucoup d'honneur. ❞
Wolfgang à Leopold, 20 mars 1784.

Le cercle des relations s'est étendu à deux
célèbres confrères, Sarti et Paisiello, et à une troupe
de chanteurs anglais, parmi lesquels Nancy Storace.
Le 21 septembre, Karl Thomas naît dans la maison
Trattner où habitent maintenant ses parents. La
saison d'hiver revient, avec ses académies, qui
exigent toujours des œuvres nouvelles, mais
aussi les soirées entre amis. Dittersdorff
tient le premier violon, Joseph Haydn le
second, Wanhal le violoncelle, et Mozart
l'alto. Ces moments consacrés à la musique
de chambre comblent ce dernier, qui est en
train d'achever la série de quatuors
entreprise en 1782.

L'année 1785 commence comme avait fini la précédente, dans la plus grande activité

Un changement d'importance toutefois est
survenu, ou plutôt l'aboutissement d'une

N ancy Storace
(1765-1817), la
première Suzanne des
Noces de Figaro. Quels
furent exactement les
liens qui l'unirent à
Mozart ?

Trois grades jalonnent l'itinéraire spirituel et initiatique du franc-maçon : l'apprenti, le compagnon, le maître, avec, selon les pays et les loges, des étapes intermédiaires ; chaque grade et chaque fonction ayant ses propres insignes (ce qui ne fut pas sans influencer l'art décoratif). Dans cet ordre hiérarchique, avec ses règles et ses devoirs, Mozart progressa rapidement et la pensée maçonnique laissa son empreinte sur les dernières années de sa vie, tant dans sa musique que dans ses croyances en un idéal de fraternité et de charité. Sa première œuvre destinée à une réunion maçonnique, le lied *Gesellenreise* (*le Voyage des compagnons*), date du 26 mars 1785 ; ses dernières, la cantate *das Lob des Freundschaft* (*l'Éloge de l'amitié*) et le lied *Lasst uns mit Geschlungen Händen* (*Enlaçons nos mains*), furent composées en novembre 1791, quelques jours avant sa mort.

longue réflexion intime : le 14 décembre 1784, Wolfgang est devenu membre de la loge maçonnique «À la bienfaisance». Une surprise l'attend en février 1785 : la visite de Leopold, débordant de joie devant les succès remportés par son fils, ému jusqu'aux larmes lorsque Haydn lui déclare que Mozart est le plus grand compositeur qu'il connaisse, et conquis, lui aussi, par les thèses maçonniques. Il arrive à Vienne le 10 février, le jour même où est achevé le tragique et sublime *20ᵉ Concerto pour clavier KV 466*, aussitôt suivi du *21ᵉ KV 467*, tendre et rayonnant.

Et l'opéra, dans tout cela ? Il n'est pas oublié, mais il faut trouver un livret. Da Ponte avait bien proposé un *Sposo deluso*, mais il n'a été qu'esquissé. Une œuvre en allemand ? Inutile d'y songer pour le moment. En 1784, *la Folle Journée ou le Mariage de Figaro* a fait scandale à Paris. L'empereur a beau avoir interdit que cette comédie sulfureuse soit donnée sur la scène du Théâtre national, le sujet séduit Wolfgang, qui le propose à Da Ponte, lequel se charge de convaincre Joseph II. La composition s'étend sur la fin de l'année, interrompue par un nouveau concerto pour clavier, le *22ᵉ KV 482* ; car il faut bien vivre et se produire en concert, d'autant que la situation financière du ménage semble se dégrader. Il faut aussi, à la demande du souverain, composer un *Singspiel* en un acte, *le Directeur de théâtre*, créé à Schönbrunn le 7 février 1786, au cours d'un programme comportant également *Prima la musica e poi le parole* de Salieri.

> ❝ En réalité, il y a un abîme entre le *Don Juan* et le *Figaro* de Mozart et ceux de nos auteurs français. L'esprit français chez Beaumarchais est sec et scintillant [...]. L'esprit de Mozart ne laisse aucun goût d'amertume ; il est sans ambiguïté [...], il est imprégné d'amour. ❞
>
> Romain Rolland,
> *Musiciens d'autrefois.*

À trente ans, malgré le succès des *Noces,* Mozart commence à ressentir sa solitude d'artiste

Deux nouveaux concertos, en mars, le *23e KV 488* et le génial et méconnu *24e KV 491,* vont précéder la création des *Noces de Figaro,* qui triomphent enfin, malgré les cabales, le 1er mai 1786, au Burgtheater Un triomphe relatif, car l'audace des situations et l'originalité de la musique ne sont pas pour plaire à un public frivole. Son œuvre la plus personnelle, les *Quatuors* dédiés à Haydn, n'a pas retenu l'attention. Incompris, malheureux (son troisième enfant, Johann Thomas, né le 16 octobre, est mort le 15 novembre), Wolfgang songe à partir pour l'Angleterre. Mais c'est de Prague que va venir l'espoir.

" De tous les interprètes de cet opéra à cette époque, le seul survivant, c'est moi-même. Tous les premiers interprètes avaient l'avantage d'avoir étudié eux-mêmes avec le compositeur qui transfusait ses intentions dans leurs âmes. Je n'oublierai jamais son visage peu animé, qui était illuminé par les éclairs brûlants du génie ; cela est aussi impossible à décrire que de vouloir peindre les rayons du soleil [...]. Je me souviens de la première répétition avec tout l'orchestre. Mozart était sur la scène, avec sa pelisse cramoisie et son chapeau haut de forme à galon d'or, donnant la mesure à l'orchestre. "
Michaël O'Kelly,
Mémoires.

En 1787 Mozart a trente et un ans. Il ne lui reste que quatre années à vivre. Quatre années pendant lesquelles les embarras financiers qui sont depuis longtemps son lot ne cessent de le harceler. Les années les plus noires de sa vie, au cours desquelles il compose ses ultimes chefs-d'œuvre, les plus lumineux peut-être...

CHAPITRE VI

LA LUMIÈRE
ET LES TÉNÈBRES

C'est Josef Lange, le mari d'Aloysia Weber, qui fit ce portrait de Mozart pendant l'hiver 1782-1783. Inachevé. Énigmatique.

"Je dois vous avouer sincèrement que bien [...] que Prague soit [...] un lieu aussi beau qu'agréable, je soupire tout de même après mon retour à Vienne.**"**

Bibliothèque Publique d'Embrun

L'année 1787 s'ouvre sous d'heureux auspices : le 11 janvier, les Mozart arrivent à Prague, sur l'invitation du comte Thun. *Les Noces de Figaro* ont été accueillies dans l'enthousiasme et la ville fait fête à leur auteur, qui dirige son œuvre. Il donne un concert, où il fait entendre sa *38e Symphonie* (composée en décembre, en même temps que le *25e Concerto KV 503*) et improvise au pianoforte, sous les ovations de la salle bourrée à craquer. Wolfgang ne rentre pas à Vienne avec pour seul souvenir l'écho de ces jours de fête : Bondini, le directeur du théâtre, lui a commandé un nouvel opéra pour l'automne.

À la joie des jours passés en Bohême succède une période sombre

Les amis anglais (et avec eux la chère Nancy Storace, créatrice de Suzanne) sont partis. La disparition d'un proche, le comte Hatzfeld, met de nouveau Mozart en présence de la mort, dont il accepte l'idée avec sérénité. Les efforts pour surmonter ses peines, il les confie aux sublimes *Quintettes à cordes KV 515 et 516*. À la porte du modeste logis qu'il occupe maintenant, vient frapper, un jour d'avril, un jeune garçon de dix-sept ans, organiste du prince-archevêque de Cologne. Il se nomme Ludwig van Beethoven. Rencontre inattendue de deux géants, qui paraît n'avoir marqué ni l'un ni l'autre !

Le destin va s'acharner sur Wolfgang. Depuis quelque temps, déjà, Leopold était souffrant. Sa mort subite le 28 mai est pour son fils un choc profond. Une porte se ferme sur son passé. Il ne reverra jamais sa sœur. Salzbourg s'est éloigné pour toujours. Il faut pourtant continuer à travailler. C'est du

C'est chez ses amis Duschek, à la villa Bertramka, que Mozart mit la dernière main à *Don Giovanni*. Josepha Duschek, cantatrice mais aussi pianiste et compositeur, se produisait encore dans les premières années du XIXe siècle. La légende veut qu'elle ait un jour enfermé Mozart, menaçant de ne pas le libérer avant qu'il ne lui ait écrit un air de concert. Ce fut *Bella mia fiamma, addio !*

mois d'août que date une page célèbre entre toutes, la *13e Sérénade KV 525*, cette «Petite Musique de nuit», destinée à un quatuor à cordes complété d'une contrebasse – un autre quintette, en somme, mais d'une inimitable fraîcheur.

Au fil de l'été, le nouvel opéra avance. Lorenzo Da Ponte en est le librettiste. C'est lui qui a proposé le livret de ce *Don Giovanni* qui ressemble fort à celui du *Convive de pierre* concocté par Bertati, mis en musique par Gazzaniga en 1787. Le sujet à dire vrai n'avait rien de neuf.

«À la demande de Mozart, Beethoven joua quelque chose que Mozart, le prenant pour un morceau d'apparat appris par cœur, approuva assez froidement. Beethoven, s'en étant aperçu, le pria alors de lui donner un thème d'une inspiration libre […]. Il joua d'une telle façon que Mozart, se glissant dans la pièce voisine où se trouvaient quelques amis, leur dit vivement: «Faites attention à celui-là, il fera parler de lui dans le monde.»»

Otto Jahn.

Il était même, en cette fin de dix-huitième siècle, passablement rebattu. À Prague, depuis le mois d'octobre, Mozart suit de près répétitions et préparatifs, qui s'avèrent difficiles. À vrai dire, la partition n'est pas tout à fait terminée puisque (légende ou réalité ?) l'ouverture ne sera écrite que l'avant-veille de la création, accueillie le 29 octobre par des acclamations nourries. Dès son retour à Vienne, à la mi-novembre, l'empereur nomme Wolfgang compositeur de la Chambre impériale et royale, à la place de Gluck récemment décédé, avec toutefois des appointements nettement inférieurs.

"Le lundi 29 octobre fut représenté par la compagnie d'opéra italien de Prague l'opéra impatiemment attendu du maître Mozart *Don Giovanni ou le Festin de pierre.* Connaisseurs et artistes disent que rien de tel n'a encore été représenté à Prague. M. Mozart dirigeait lui-même l'orchestre et lorsqu'il parut, il fut salué par une triple acclamation."

Oberpostzeitung de Prague, 3 novembre 1787.

Mais le temps de la gloire est passé ! Le public, versatile, suit la mode et trouve Mozart trop difficile

Le 27 décembre 1787, à la grande joie de son époux, Constance met au monde une petite fille, Thérèse. Mais les difficultés financières s'accumulent. Car, même lorsqu'il ouvre une souscription pour des concerts ou de nouvelles œuvres à faire graver, Mozart n'obtient aucune réponse. De toute évidence, il n'est pas un homme d'argent, ni d'organisation – sa tentative de tenir ses comptes, en même temps qu'un catalogue de ses œuvres, n'est pas allée très loin – et Constance se contente de vivre au jour le jour, dépensant quand des rentrées de fonds le permettent, tout en s'efforçant de sauver les apparences. De grossesse en grossesse, de maladie en maladie, le couple tente de surnager.

Don Juan, oder: der bestrafte Bösewicht.

En 1788, la ronde infernale des emprunts commence. Les suppliques adressées à l'ami Michaël Puchberg, riche commerçant, maçon comme Wolfgang, sont déchirantes.

Vienne boude toujours Mozart : le 7 mai, *Don Giovanni* ne parvient pas à s'imposer, à la grande indignation de Haydn. Il est vrai que ceux qui applaudissent Martin y Soler et Dittersdorff ne peuvent que rester indifférents face à une œuvre mythique où le défi du désir amoureux ne trouve son aboutissement que dans la mort. Assistant à l'une des dernières représentations, Joseph II résumera la situation : «L'opéra est divin, je dirai même qu'il est plus beau que *Figaro* ; mais ce n'est pas le mets qui convient aux dents de mes Viennois.» À quoi Wolfgang aurait répondu : «Laissons-leur le temps de le mâcher !»

Malgré tout, durant l'été 1788, Mozart ne va pas cesser de composer, comme si son activité créatrice était une réplique aux coups du sort

Jusqu'en juin, son œuvre la plus importante, au milieu de pages de circonstance, c'est le brillant *Concerto pour clavier n° 26*, dit, par la suite, «*du couronnement*», puisqu'il sera joué à Francfort, en 1790, lors du sacre de Leopold II. Indéniable écho des moments douloureux : l'étreignant *Adagio pour clavier en si mineur KV 540* du 19 mars.

Dès le début de la belle saison, en revanche, les chefs-d'œuvre s'amoncellent. Le *Trio n° 5 pour clavier et cordes en mi majeur KV 542*, commande de Puchberg, marque le début de cette résurrection. Deux autres suivront. Le plus étonnant, pourtant, dans cette floraison, ce n'est pas le *Divertimento pour trio à cordes KV 563* dédié à son ami et créancier, mais bel et bien le groupe des trois dernières symphonies. C'est le 26 juin 1788 que Wolfgang met le point final à la *39e* – trois jours avant la mort de sa fille. Le 25 juillet, il termine la *40e* – sans aucun doute la plus célèbre – et le 10 août, la *41e* «*Jupiter*». La gravité, la lutte, et pour finir le triomphe. Comment ne pas être admiratif

Joseph II mourut le 20 février 1790. Ce fut son frère Leopold II qui lui succéda, mais l'ex-grand-duc de Toscane ne devait lui-même régner que deux ans. Autant Joseph II avait voulu laisser le souvenir d'un monarque sensible aux préoccupations de son époque et de ses sujets, quitte à froisser la noblesse en n'hésitant pas à s'attaquer à ses privilèges, autant Leopold revint vers des objectifs plus prudents et moins idéalistes. Il est vrai qu'entre-temps la Révolution française s'était chargée de brouiller les cartes.

devant cette volonté irréductible de dépasser son
drame intime, devant cette confiance qui persiste
malgré tout, à laquelle les préceptes philosophiques
de la franc-maçonnerie ne sont sûrement pas
étrangers ! Mozart ne se résigne pas : il se bat avec ses
propres armes, pour ce qui lui importe plus que tout
au monde, la musique.

A vec l'installation à Vienne commence la série des 17 concertos pour clavier dans lesquels Mozart atteint aussitôt une maîtrise consommée.

**Cette ardeur fiévreuse, ce renouveau, ne vont pas
durer. Les six mois qui suivent sont consacrés à des
tâches purement alimentaires**

Elles sont certes charmantes, ces *Danses allemandes*
écrites pour la cour, mais, malgré le soin dont il les
entoure, elles ne doivent pas particulièrement
combler leur auteur. Plus intéressante, en revanche,
est la mission que lui confie van Swieten : toujours
épris de Bach et de Haendel, il souhaite faire entendre
à ses concitoyens leurs grands oratorios, mais pense
que leur orchestration, peu conforme, à son avis, au
goût viennois, doit être retouchée. Ainsi Wolfgang
remplace-t-il, dans *Acis et Galatée*, la partie d'orgue
par des instruments à vent ; dans *le Messie*, il
transforme des arias en récitatifs. Son commanditaire
est satisfait. Tous ces travaux, d'un rapport aussi
maigre qu'utile, sont indignes d'un génie.

1789. Constance est enceinte, pour la cinquième fois, et la situation financière du foyer toujours aussi désastreuse. Une opportunité semble se présenter en avril, lorsqu'un ancien élève, membre de la même loge, Karl von Lichnowsky, part pour Berlin et propose à Wolfgang de l'accompagner. L'occasion manquée d'écrire un nouvel opéra pour Prague, de donner des concerts à la cour de Dresde et chez l'ambassadeur de Russie, importe moins que le plaisir de toucher, à Saint-Thomas de Leipzig, l'orgue de Jean-Sébastien Bach.

Sur les six enfants de Mozart et Constance, deux survécurent : Karl Thomas, qui fit carrière dans l'administration, et Franz Xaver Wolfgang, qui choisit la musique et signait ses œuvres Wolfgang Amadeus Mozart. Tous deux, célibataires, moururent sans descendance.

L'église Saint-Thomas de Leipzig où Jean-Sébastien Bach fut cantor.

Le 25 avril, la cour de Potsdam est en vue. Frédéric-Guillaume II de Prusse, comme son oncle, Frédéric le Grand, est amateur de musique. Offre-t-il à son visiteur, comme il l'affirmera lui-même par la suite, un poste de kapellmeister, refusé par Mozart ? Ce qui est sûr, c'est qu'il l'accueille avec bienveillance, et lui commande des quatuors à cordes, et des sonates pour clavier destinées à sa fille Frederike. Mozart ne reste d'ailleurs que sept jours à la cour. Suivant toujours Lichnowsky, il repart le 2 mai, s'arrêtant de nouveau à Leipzig où il donne un concert au Gewandhaus le 12. Une brouille avec le prince suffit pour que Wolfgang se sépare de lui et, contrairement à toute attente et à toute prudence financière, regagne Berlin, où il se produit devant la reine.

Le voyage se termine le 4 juin 1789. Deux mois qui n'ont rien rapporté, et un retour difficile

Constance souffre d'une sérieuse infection du pied et doit partir en cure à Baden. De lourds frais en perspective, et de nouvelles requêtes, pitoyables : «Au nom de Dieu, je vous prie et vous conjure de m'accorder le secours immédiat qu'il vous plaira.» (à Puchberg, le 17 juillet).

Frédéric-Guillaume II, violoncelliste et amateur de musique de chambre.

La reprise des *Noces de Figaro*, en août, apporte une note d'espoir dans la tourmente. Car leur succès a pour conséquence une commande de l'empereur. C'est Joseph II en personne qui choisit le sujet de l'opéra, *Cosi fan tutte ossia la Scuola degli amanti* («Ainsi font-elles toutes, ou l'École des amants»), inspiré, dit-on, d'une anecdote qui fait les délices des salons. Da Ponte en écrit le livret. Il faut aller vite car les premières répétitions sont prévues pour janvier 1790. Puchberg et Haydn suivent d'un œil affectueux la progression du travail en ces derniers mois de l'année, assombris par un nouveau deuil : la petite Anna Maria, qui vient au monde le 16 novembre, ne vit qu'une heure. Malgré tout, à la demande de son frère de loge, le clarinettiste Anton Stadler, Wolfgang trouve le temps de composer le *Quintette avec clarinette KV 581* ; le chant de l'instrument privilégié

❝ J'ai à vous annoncer un nouvel et excellent ouvrage de Mozart [...]. Il a été représenté hier soir pour la première fois sur la scène du Théâtre national impérial. De la musique, il suffit de dire qu'elle est de Mozart. ❞

Journal du luxe et des modes, Vienne, 27 janvier 1790.

« L'Amour est un petit voleur, l'Amour est un petit serpent
» Aux cœurs, il ôte et donne la paix, comme il lui plaît. »
Cosi fan tutte, air de Dorabella, acte II.

s'y déploie jusqu'au sublime et ouvre la voie aux chefs-d'œuvre des deux dernières années.

En dépit des cabales ourdies par Salieri et les autres, *Cosi fan tutte* est créé le 26 janvier 1790

Un succès d'estime, teinté d'incompréhension devant un sujet jugé «amusant» et dont la cruauté fut mal perçue. La mort de l'empereur empêche l'opéra de poursuivre sa carrière sur sa lancée. Elle prive surtout Mozart d'un protecteur réel, à défaut d'être généreux. Son successeur, Leopold II, a beau maintenir son compositeur dans ses fonctions, il ne lui accorde guère d'attention, au moment où il aurait besoin d'aide. Car, de pair avec ses tracas financiers, la santé du musicien commence à se dégrader. Au cours de l'année 1790, il écrit peu – rien entre janvier et mai, où il termine les deux quatuors concluant la série destinée au roi de Prusse.

La confirmation du désintérêt du nouveau souverain, auprès duquel il a sollicité le poste de second kapellmeister, Wolfgang ne tarde pas à l'avoir :

Le conflit entre désir et raison qui est au centre de *Cosi fan tutte* fut mal perçu par les contemporains de Mozart, et même par les générations suivantes. Au XIXe siècle, on alla jusqu'a substituer au livret original une autre histoire. L'ambiguïté fondamentale de *Cosi* constitue pourtant l'aspect le plus moderne de cet opéra.

contrairement à ses confrères, il n'est invité ni aux fêtes données en l'honneur de Ferdinand et Marie-Caroline de Naples, ni aux cérémonies du couronnement à Francfort, le 9 octobre. Il s'y rend quand même, à ses frais, mettant en gage son argenterie et le reste de ses meubles.

Mais le voyage tourne vite à l'échec. Seules ses retrouvailles à Munich, sur la route du retour, avec Cannabich, Ramm et leurs compagnons, lui apportent le regain d'optimisme nécessaire à affronter les épreuves à venir.

Vécus dans la douleur, ses derniers mois sont illuminés par la plus haute inspiration

À peine est-il à Vienne qu'une chance lui est offerte : deux opéras à écrire pour Londres. Mais il faudrait pour cela passer six mois dans la capitale anglaise ; et comment entreprendre un tel voyage sans un sou ? Il refuse donc, et, les larmes aux yeux, voit partir Joseph Haydn, engagé par l'imprésario Salomon. Wolfgang se ressaisit, malgré tout. Lui qui n'avait rien écrit depuis juillet, il se remet à composer, cherche des élèves. Il accepte aussi l'idée d'une nouvelle naissance. Le *Quintette à cordes KV 593*, suivi du *27ᵉ Concerto pour clavier KV 595*, le dernier d'une éblouissante série, ne portent pas trace des douleurs récentes. Bien au contraire, on y perçoit, en filigrane, une authentique verve populaire. Au mois de mars vient un nouveau bonheur. Emanuel Schikaneder, directeur du théâtre Auf der Wieden depuis 1789, remet à Mozart le livret de *la Flûte enchantée*, accepté avec transport.

Conte féerique ? Fable philosophique ? Opéra maçonnique ? *La Flûte enchantée* est tout cela et bien plus encore.

«C'est moi, l'oiseleur, me voilà
»Toujours joyeux, hop là hop là là
»C'est moi l'oiseleur connu de tous
»Jeunes et vieux dans tout le pays.»
La Flûte enchantée, air de Papageno, acte I.

Le modèle du sage Sarastro fut, semble-t-il, le comte Ignaz von Born, franc-maçon et célèbre minéralogiste venu à Vienne à la demande de Marie-Thérèse. C'est en son honneur que Mozart écrivit la cantate *Die Mauerfreude* (*la Joie maçonnique*) exécutée en 1785.

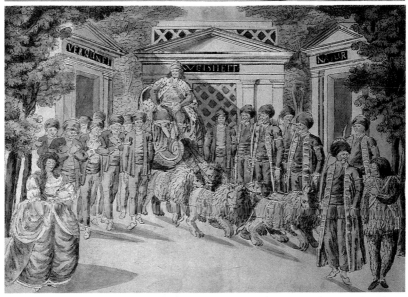

Genèse d'un chef-d'œuvre

C'est Emanuel Schikaneder qui suggère à Mozart, lequel n'attendait que cette occasion pour travailler à nouveau sur un opéra allemand, l'idée de *la Flûte enchantée*. À l'origine du livret, le roman *Sethos* de l'abbé Terrasson, l'opéra *Obéron, roi des elfes*, de Wranitzky, mais aussi *Thamos, roi d'Égypte* de Gebler, ainsi que le conte de Liebskind *Lulu ou la Flûte magique*, recueilli dans l'anthologie de Wieland. Auteur de la majeure partie du poème, Schikaneder créa également le rôle de l'oiseleur Papageno.

L'étoffe des héros

Au centre de *la Flûte enchantée*, trois couples. Pamina et Tamino, d'abord. Le jeune premier prêt à affronter les épreuves de l'initiation aux côtés de sa bien-aimée qui va aussi quitter l'adolescence pour entrer dans l'âge de la raison et de l'amour. Papageno, l'oiseleur, est-il le double de Tamino ? Sa naïveté profonde et son bon sens d'éternel enfant ne l'empêchent pas d'être capable de choisir la mort s'il ne trouve pas sa Papagena. Sarastro, enfin, et la reine de la Nuit : le sage, détenteur de la Lumière, face aux puissances des Ténèbres, qu'il finit par vaincre.

L'empreinte maçonnique

L' univers de *la Flûte enchantée* est tout d'abord celui des contes orientaux, avec ses monstres, ses génies, ses métamorphoses. Il est toutefois difficile de dissocier cet ultime opéra des préoccupations maçonniques de Mozart et de Schikaneder : le rituel d'initiation que subissent les principaux protagonistes, les allusions à l'Égypte ancienne, l'évidente symbolique des nombres en témoignent.
Mais il est certain que le message d'amour, de fraternité et de sagesse délivré par cette œuvre sublime va bien au-delà de toutes les exégèses.

Constance est repartie pour Baden. Son mari ne la rejoindra que quelques jours, en juin, inquiet pour sa santé. En attendant, il travaille.

Harcelé par la maladie, Mozart jette ses dernières forces dans deux ultimes opéras : *la Flûte enchantée* et *la Clémence de Titus*

Schikaneder veille sur lui avec sollicitude ; il lui a prêté un chalet, près de son théâtre, et c'est là que Wolfgang compose et se divertit, entouré d'amis. Le 26 juillet, Franz Xaver Wolfgang Amadeus, son sixième enfant, vient au monde.

À peu près au même moment parvient une lettre non signée, la commande d'une *Messe des morts*. Un simple subterfuge, qui a fait couler trop d'encre : le comte Franz von Walsegg, qui se pique d'être compositeur, veut tout simplement un nègre pour écrire à sa place un *Requiem* à la mémoire de son épouse. Le mystérieux inconnu qui transmet le message à Mozart n'est autre que son intendant. Wolfgang accepte, malgré son épuisement, malgré la *Flûte* qu'il doit terminer, et malgré une nouvelle commande, en août, du Théâtre national de Prague qui veut un opéra pour le couronnement de Leopold II en tant que roi de Bohême, le 6 septembre. Cette *Clémence de Titus*, sur un livret de Métastase revu par Mazzola, Mozart va l'écrire en dix-huit jours, composant même pendant le voyage. Ce sera pour lui l'occasion de revoir Prague qu'il aime tant. Il rentre à Vienne à la mi-septembre, épuisé.

Il lui faut pourtant terminer *la Flûte enchantée* dont la première a lieu le 30 septembre dans une salle bondée. Le public de ce théâtre des faubourgs n'est pas celui des salons. C'est le peuple de Vienne, réticent au début, puis enthousiaste, qui va porter au triomphe l'ultime opéra.

Composant le *Requiem*, Wolfgang sait-il qu'il écrit sa propre messe des morts ?

Ce qui lui reste de force, alors que son corps l'abandonne, Mozart va le mobiliser pour deux grandes œuvres, le *Concerto pour clarinette KV 622*, écrit à l'intention de Stadler, et le *Requiem*. Comme

" Son dernier souffle fut comme s'il voulait, avec la bouche, imiter les timbales de son *Requiem* ; je l'entends encore. **"**

Sophie Haibel,
belle-sœur de Mozart.

il l'a déjà fait pour *la Clémence*, son élève, Franz Xaver Süssmayer, l'aide. Peine perdue. Le chant funèbre restera inachevé. Fin novembre, la maladie a gagné du terrain. Les mains et les pieds enflés, en partie paralysé, Wolfgang tente un ultime effort, jusqu'à la veille de sa mort. Son manuscrit s'interrompt au début du *Lacrymosa*.

Le 4 décembre, l'état du malade empire. Mozart sait qu'il va mourir, mais il est calme. Les prêtres hésitent à se rendre au chevet d'un franc-maçon. Tard dans la nuit, il entre dans le coma et s'éteint le 5 décembre, avant une heure du matin.

Mozart est mort pauvre et comme les pauvres fut enterré simplement. Quelques proches suivirent le convoi, sauf Constance, épuisée. Le corps fut jeté dans la fosse commune, sans même une croix.

" J'ai fini avant d'avoir joui de mon talent. La vie était pourtant si belle, la carrière s'ouvrait sous de si heureux auspices, mais on ne peut changer son propre destin. Nul ne mesure ses propres jours, il faut se résigner, il en sera comme il plaira à la Providence, je termine, voici mon chant funèbre que je ne dois pas laisser inachevé. "
Mozart,
septembre 1791.

TÉMOIGNAGES
ET DOCUMENTS

Trente-cinq ans de vie
Un parcours fabuleux
dont la ponctuation musicale
n'est pas le seul témoin.
Une correspondance surprenante,
des portraits vifs brossés par ses contemporains,
les piquantes critiques de ses pairs
font l'autopsie d'un prodigieux destin.

Correspondance

Les lettres de Leopold constituent un précieux témoignage sur la vie d'un musicien au XVIIIe siècle. À partir de 1769, celles de Wolfgang ne cachent rien de ses propres joies et de ses peines, de ses indignations et de ses révoltes. Et, comme dans ses œuvres, sa tendresse y est infinie.

Wolfgang a terminé son opéra Lucio Silla. *Il se détend en écrivant à sa sœur sur le mode comique qui lui est particulier.*

– À sa sœur.

P. S. – Milan, 18 décembre 1772.

J'espère que tu te portes bien, ma chère sœur. Quand tu recevras cette lettre, ma chère sœur, ce soir-là même, ma chère sœur, mon opéra paraîtra en scène. Pense à moi, ma chère sœur, et fais tous tes efforts, ma chère sœur, pour te figurer que tu le vois et que tu l'entends aussi, ma chère sœur. Il est vrai que c'est difficile, car il est déjà onze heures ; sans cela, je crois, sans aucun doute, qu'il fait plus clair en plein jour qu'à Pâques. – Ma chère sœur, nous dînons demain chez M. von Mayer. Et pourquoi ? Que crois-tu ?... devine !... C'est parce qu'il nous a invités.

La répétition de demain se fera sur le théâtre même. Mais l'*impresario*, signor Castiglioni, m'a prié de ne le dire à personne ; sans cela, tout le monde y accourrait, et c'est cc que nous ne voulons pas. Ainsi, mon enfant, je te prie de n'en parler à personne, mon enfant, de peur que trop de gens y courent, mon enfant.

Approposito, sais-tu déjà l'aventure qui s'est passée ici ?... Je vais te la raconter. Nous sommes sortis aujourd'hui de chez le comte Firmian pour retourner chez nous. En arrivant dans notre rue, nous avons ouvert la porte de notre maison, et... que penses-tu bien qui soit arrivé ?... Nous sommes entrés !

Adieu, mon poumon ! Je t'embrasse, mon foie, et suis, comme toujours, mon estomac, ton indigne *frater*, frère.

Wolfgang.

L a Hannibalplatz de Salzbourg. Les rapports de Mozart avec sa ville natale iront jusqu'à la haine, surtout lorsque l'enchantement viennois aura opéré.

Oh ! je t'en prie, je t'en prie, ma chère sœur, ça me démange... : gratte-moi !

Sur cette pétition, rédigée en réalité par Leopold et signée par son fils, apparaît au crayon une mention, de la main de l'archevêque : « Ex Decreto Celsissimi Principis 28. Augusti 1777. Pour la chambre des comptes, avec ceci que, d'après l'Évangile, le père et le fils ont la permission d'aller chercher fortune ailleurs. »

– À l'archevêque de Salzbourg.

Salzbourg, 1ᵉʳ août 1777

À sa Grandeur sérénissime, le très noble prince du Saint Empire Romain et très gracieux souverain mon seigneur.

Puissé-je ne pas importuner Votre Grandeur sérénissime en lui décrivant en détail notre triste situation ! Mon père l'a fait très humblement connaître à Votre Grandeur sérénissime en tout honneur et conscience, avec une entière sincérité, dans une pétition qu'il lui a respectueusement adressée le 14 mars de cette année. Mais comme il ne s'en est pas suivi, de la part de Votre Grandeur sérénissime, la décision favorable que nous avions tant espérée, mon père aurait très humblement supplié Votre Grandeur sérénissime, dès le mois de juin, de bien vouloir nous autoriser à faire un voyage de quelques mois afin de nous aider de nouveau un peu à nous tirer d'affaire, s'il n'avait plu à Votre Grandeur sérénissime d'ordonner que l'orchestre, au complet, se tînt prêt pour le prochain passage de Sa Majesté l'Empereur. Plus tard, mon père a très humblement demandé cette permission ; mais Votre Grandeur sérénissime la lui a refusée, et a daigné exprimer l'opinion que pour moi, en tous cas, (qui ne suis, du reste, qu'à demi à son service), je pourrais bien voyager seul. Notre situation est pressante ; mon père se décida donc à me faire partir seul. Mais à cela aussi Votre Grandeur sérénissime daigna faire encore quelques objections. Très gracieux souverain, mon seigneur ! Les parents s'efforcent de mettre les enfants en état de pouvoir gagner eux-mêmes leur pain ; ils le doivent dans leur propre intérêt et dans celui de l'État. Plus les enfants ont reçu de talents de Dieu, plus ils sont tenus d'en faire usage, afin d'améliorer la situation de leurs parents et la leur, d'aider leurs parents et de pourvoir à leur propre avancement et à leur avenir. L'Évangile nous enseigne qu'il faut faire valoir ses talents reçus. Et c'est ainsi que je suis, en conscience, devant Dieu, obligé de témoigner, selon mes forces, ma reconnaissance à mon père qui consacre sans relâche toutes ses heures à mon éducation. Je dois alléger son fardeau et désormais travailler pour moi et pour ma sœur, que je serais fâché d'avoir vue consacrer tant d'heures au piano si elle n'en devait faire aucun emploi utile.

Que notre Grandeur sérénissime me permette donc de lui demander très respectueusement mon congé. Car je suis obligé de profiter du mois d'automne dans lequel nous allons entrer, pour n'être pas interrompu par les mois froids de la mauvaise saison, qui le suivront de près. Votre Grandeur sérénissime ne prendra pas en mauvaise part ma très humble prière, puisqu'Elle a daigné me dire, il y a trois ans, lorsque je lui ai demandé la permission de faire un voyage à Vienne, que je n'avais rien à espérer auprès d'Elle, et que je ferais mieux de chercher fortune ailleurs. Je remercie Votre Grandeur sérénissime avec le plus profond respect, pour toutes les hautes faveurs que j'en ai reçues et, avec l'espoir flatteur de pouvoir La servir, dans mon âge mûr, avec plus de succès qu'à présent, je me recommande à sa haute bienveillance et grâce.

De Votre Grandeur Sérénissime, mon très gracieux prince et seigneur, le très humble et très obéissant serviteur.

Wolfgang Amade Mozart.

En quelques jours, Anna Maria est terrassée par la maladie. De Paris, Wolfgang annonce la nouvelle à son père et à sa sœur, mais sa pudeur le pousse à très vite changer de sujet.

– À son père.

Paris, 9 juillet 1778.

Monsieur mon très cher père,
(...) Les Français sont, et restent, de vrais ânes : ils ne peuvent rien faire ; il leur faut avoir recours aux étrangers. – J'ai causé avec Piccinni, au *Concert spirituel*... Il est tout à fait aimable avec moi, et moi je le suis avec lui..., quand nous nous rencontrons ainsi, par hasard... D'ailleurs, je ne fais aucune connaissance... pas plus avec lui qu'avec d'autres compositeurs... Je sais ce que j'ai à faire... eux savent ce qu'ils ont à faire... C'est assez.

Je vous ai déjà écrit que ma *symphonie* a eu un succès incomparable au *Concert spirituel*... Si j'obtiens d'écrire un *opéra*, j'aurai assez d'ennuis... Mais je n'y ferais guère attention, car j'y suis déjà habitué. Si seulement cette maudite langue française n'était pas si abominable pour la musique !... C'est une pitié !... L'allemand est divin en comparaison. –

Leopold, le correspondant privilégié.

Et puis, d'abord les chanteurs et les chanteuses !... On ne devrait pas leur donner ce nom : car ils ne chantent pas ; ils crient... ils hurlent... et à plein gosier, du nez et de la gorge. (...)

Adieu. Je vous baise 100 000 fois les mains, j'embrasse ma sœur de tout mon cœur, et suis votre très obéissant fils.

W. A. M.

Mozart laisse s'écouler bien des jours avant de répondre aux lettres de Leopold.

— *À son père.*

Paris, 31 juillet 1778.

Monsieur mon très cher père,
(...) M. Grimm m'a dit récemment :
« Que dois-je donc écrire à votre père ?... Quel parti prenez-vous donc ? Restez-vous ici ou allez-vous à Mannheim ? » — Je ne pus vraiment me retenir de rire... « Qu'est-ce que j'irais donc faire à Mannheim à présent ?... Si encore je n'étais pas venu à Paris !... Mais maintenant, j'y suis, et je dois tout mettre en œuvre pour réussir. » —

« Oui (dit-il) ; mais je crois difficile · que vous puissiez arriver à quelque chose ici. » – « Pourquoi ?... Je vois ici une vraie foule de misérables gâte-métier qui réussissent, et je ne le pourrais pas, moi, avec mon talent ? (...) « Oui, mais je crains (reprit-il), que vous ne soyez pas assez *actif*, ici... ; vous ne courez pas assez, de côté et d'autre. » (...)

Ce qui me donne ici le plus de dépit, c'est que ces niais de Français croient que je n'ai encore que 7 ans, parce qu'ils m'ont vu d'abord à cet âge-là... C'est parfaitement exact : *Mme* d'Épinay me l'a dit très sérieusement... En sorte qu'on me *traite* ici comme un débutant..., excepté les gens de la *musique*, qui pensent autrement ; mais quoi ? c'est la foule qui fait tout !

Dès lors, voici quel est, maintenant, mon dessein. Je vais faire désormais tout mon possible pour réussir ici avec des élèves, et gagner le plus d'argent possible... Je le ferai, à présent, dans la douce espérance d'un prochain changement d'existence ; car je ne puis vous le dissimuler, et au contraire je dois l'avouer, je serais content d'être libéré d'ici. Car donner des leçons, ce n'est pas une plaisanterie, ici... On s'y épuise assez ! Et si l'on n'en donne pas beaucoup, on ne récolte pas beaucoup d'argent. Ne croyez pas que j'en parle par paresse... non !... mais parce que c'est une chose tout à fait contraire à mon *génie*, à ma façon de vivre... Vous savez que je suis, pour ainsi dire, tout enfoncé dans la *musique*..., que j'en fais toute la journée..., que j'aime à y penser, à l'étudier..., à m'y appliquer..., Eh bien, j'en suis empêché ici par tout ce genre de vie... Si j'ai, à la vérité, quelques heures de libres... ces quelques heures me sont plus nécessaires pour réparer mes forces que pour travailler.

Dans le cours de la création mozartienne, l'opéra occupe une place prépondérante, qu'il soit italien ou allemand. Détourné de son rôle de divertissement mondain, il devient le miroir le plus implacable de l'humanité.

Sur la question *d'opéra*, j'en ai déjà formulé ma façon de penser dans ma dernière lettre. Je ne puis penser autrement : il faut que j'écrive un grand *opéra*, ou aucun autre. Si j'en écris un petit, je ne gagnerai que peu (car ici, tout est taxé). Et puis s'il a le malheur de ne pas plaire à ces niais de Français, tout est fini..., je n'en aurai plus d'autre à composer... Dès lors, peu de profit... et un préjudice à ma réputation... Tandis que si j'écris un grand *opéra*... le rapport est meilleur... je suis sur mon terrain et selon mon plaisir... et j'ai plus d'espoir d'obtenir le succès... parce que, dans un grand ouvrage, on a plus d'occasion de se faire honneur. – Je vous assure que si j'obtiens un *opéra* à composer, je n'en suis nullement inquiet ! – Il est vrai que c'est le diable qui a fait cette langue !... et je vois à peine toutes les difficultés que tous les *compositeurs* y ont

rencontrées... ; mais n'importe ! je me sens bien en état de surmonter cette difficulté-là aussi bien que tous les autres... *Au contraire*, souvent, quand je me figure que les choses vont bien pour mon *opéra*, je sens tout mon corps comme en feu, et je tressaille des mains et des pieds dans l'ardent désir que j'ai d'apprendre aux Français à connaître, à priser et à craindre chaque jour davantage les Allemands. Pourquoi donc ne donne-t-on à aucun Français un grand opéra à composer ?... Pourquoi donc faut-il que ce soit à des étrangers ? – Le plus insupportable, là dedans, serait la question des chanteurs... Bon ! je suis prêt... Je n'entamerai aucun débat... Mais si on me provoque, je saurai me *défendre*. – Du reste si cela se passe sans *duel*, j'aime mieux... car je ne tiens pas à ferrailler avec des nains.

W. A. M.

Au fil des événements, la rupture avec Colloredo devient imminente. Mozart la désire ardemment, la provoque... avide de liberté.

– À son père.

Vienne, 9 mai 1781.

Mon très cher père !

Je suis encore tout rempli de colère !... et vous, mon excellent, mon très cher père, vous le serez sûrement avec moi... On a si longtemps mis ma patience à l'épreuve !... Il a bien fallu qu'à la fin elle fît naufrage. Je ne suis plus assez malheureux pour être au service du souverain de Salzbourg... Aujourd'hui a été pour moi un jour de bonheur. Écoutez !

Deux fois déjà ce... je ne sais vraiment comment je dois le qualifier... m'a dit en pleine figure les plus grandes *sottises* et *impertinences*, telles que je n'ai pas voulu vous les rapporter, afin de vous ménager ; et ce n'est que... parce que je vous ai eu toujours devant les yeux, mon excellent père, que je ne m'en suis pas vengé sur l'heure. – Il m'a appelé un polisson, un débauché,... il m'a dit d'aller au diable... Et moi... j'ai tout supporté... Je sentais que non seulement mon honneur, mais aussi le vôtre, en étaient atteints... mais... vous le vouliez ainsi... : je me suis tu... Maintenant, écoutez cela !...

Il y a huit jours, le courrier monta chez moi, à l'improviste, et me dit de décamper à l'instant même... Tous les autres avaient été prévenus du jour, moi seul non... Je rassemblai donc vite toutes mes affaires dans ma malle, et... la vieille *Madame* Weber a été assez bonne pour m'*offrir* son logis. – J'ai là une jolie chambre et je suis chez des gens serviables, tout à ma disposition

pour toutes ces choses qu'on a souvent besoin d'avoir très vite et qui manquent quand on est seul. (...)

Aujourd'hui, quand je me suis présenté là-bas, les valets de chambre me dirent que l'Archevêque voulait me donner un *paquet* à emporter... Je demandai si c'était *pressé*. Ils me répondirent qu'oui, et d'une grande importance. (...) Quand je me présentai devant lui, (...) voici son premier mot : – « Eh ! bien, quand part ce garçon ? » – « Je voulais [répondis-je] partir cette nuit, mais la place était déjà prise... » Alors le voici qui poursuit, tout d'une haleine :... que je suis le drôle le plus débauché qu'il connaisse..., que personne ne le sert aussi mal que moi... ; qu'il me conseille de partir dès aujourd'hui, sans quoi il écrira chez lui que mon traitement est supprimé. – Impossible de placer un mot : cela allait comme un incendie... J'écoutais tout cela avec calme... Il m'a menti à la face en parlant de mes 500 florins de traitement... Il m'a appelé un gueux, un pouilleux, un crétin... Oh ! je ne pourrais tout vous écrire... À la fin, comme mon sang était arrivé à une trop forte ébullition, je dis : – « Alors, votre Altesse n'est pas contente de moi ? » – « Quoi ! Il veut me menacer, ce crétin ?... Voilà la porte ! la voilà ! Avec un pareil misérable garçon, je ne veux plus avoir rien à faire... » – Pour finir, je repartis : – « Et moi avec vous rien non plus ? » – « Alors, qu'on file ! » – Et moi, en me retirant : « Que les choses en restent là : demain vous recevrez ma démission par écrit »

Eh ! bien, dites-moi un peu, mon père chéri, si je n'ai pas dit cela trop tard plutôt que trop tôt ?... Maintenant, écoutez !... mon honneur est pour moi plus que tout, et je sais qu'il en est de même pour vous...

N'ayez nul souci de moi... Je suis tellement certain de mes affaires, ici, que j'aurais tout *quitté* sans la moindre raison... Maintenant que j'ai eu une raison pour cela, et même trois fois..., je n'ai plus rien à gagner à attendre. *Au contraire*, j'ai été deux fois un simple couard... ; je ne pouvais vraiment pas l'être une troisième fois !

Tant que l'Archevêque sera encore ici, je ne donnerai pas de concert... La croyance que vous avez, que je me place ainsi sur un mauvais pied auprès de la *noblesse* et de l'Empereur même, est radicalement erronée... L'Archevêque est haï, ici, et surtout par l'Empereur. − C'est justement une raison de sa colère, que l'Empereur ne l'ait pas invité à venir à Laxenbourg. − Je vous enverrai quelque argent, par le prochain courrier, et vous convaincrai ainsi que je ne meurs pas de faim ici. Au surplus, je vous conjure d'être gai..., car c'est à présent que commence mon bonheur et j'espère que mon bonheur sera aussi le vôtre... Écrivez-moi, en chiffre, que vous êtes satisfait de tout ceci, − et vraiment vous pouvez bien l'être, − mais, en mots courants, grondez-moi bien fort, afin qu'on ne puisse rien vous reprocher... (...)

Ne m'adressez plus aucune lettre au *Teutsches Haus*, ni par le *paquet*... Je ne veux plus rien savoir de Salzbourg... Je hais l'Archevêque jusqu'à la frénésie. − *Adieu*... Je vous baise 1 000 fois les mains, j'embrasse de cœur ma chère sœur et suis à jamais votre très obéissant fils.

Vienne : la ville idéale pour un compositeur. La vie y est une fête et la musique s'y vit au quotidien.

− *À son père.*

La gestation de l'Enlèvement au sérail dure près d'un an, retardée par le remaniement du livret de Stephanie, remaniement reclamé par Mozart. Ce dernier expose à son père sa conception des rapports entre la musique et le texte.

Vienne, 13 octobre 1781.

Mon très cher père !

(...) Dans un *opéra,* il faut absolument que la poésie soit fille obéissante de la musique... Pourquoi les opéras bouffes italiens plaisent-ils donc partout..., avec tout ce que leurs livrets renferment de misérable ? – Et même à Paris..., j'en ai été moi-même témoin. – C'est que la musique y règne sans partage... et dès lors on oublie tout le reste.

Oui, un *opéra* doit plaire d'autant plus que le plan de la pièce aura été mieux établi ; que les paroles auront été écrites pour la musique, et qu'on ne rencontrera pas, ici et là, introduites pour satisfaire une malheureuse rime (quelles qu'elles puissent être, par Dieu ! les rimes n'ajoutent rien au mérite d'une représentation théâtrale et lui nuisent plutôt), des paroles... ou même des strophes entières qui gâtent toute l'*idée* du compositeur. Les vers sont bien, pour la musique, la chose la plus indispensable,... mais les rimes... pour les rimes, c'est bien la plus nuisible... Les gens qui entreprennent leur œuvre avec tant de pédanterie, sombreront toujours eux et leur musique. – Le mieux, c'est quand un bon compositeur, qui comprend le théâtre et qui est lui-même en état de suggérer des idées, se rencontre avec un judicieux poète, un vrai phénix... C'est alors qu'on ne doit pas s'inquiéter du suffrage des ignorants ! – Les poètes me font un peu l'effet des trompettes, avec leurs farces de métier !... Si, nous autres compositeurs, nous voulions suivre toujours si fidèlement nos règles (qui étaient très bonnes autrefois, quand on ne savait rien de mieux qu'elles), nous ferions tout juste d'aussi médiocre musique qu'ils font de médiocres livrets...

À présent je vous ai, à ce qu'il me semble, suffisamment entretenu de niaiseries ; il me faut m'informer de ce qui me tient le plus au cœur, c'est-à-dire votre santé, mon excellent père ! (...)

J'espère que ma sœur va se trouver mieux, chaque jour... Je l'embrasse de tout cœur, et vous, mon très cher, excellent père, je vous baise 1 000 fois les mains, restant à jamais votre

très obéissant fils,

W. A. M.

La situation de Mozart, tant physique que matérielle, va en se dégradant. Puchberg, auquel il adresse de nombreuses lettres pour lui emprunter de l'argent, semble son seul recours face à la misère.

– À M. Puchberg.

(Vienne, avril 1790 ?)

Mais puisque me voici, une fois encore, et la dernière, dans le moment le plus critique de tous, qui doit décider de tout mon avenir, je fais encore appel à vous, plein de confiance dans cette amitié et cette affection de Frère que vous m'avez conservées, pour me venir en aide selon tout votre pouvoir.

Vous savez comment ma situation actuelle, si elle était connue, me ferait du tort dans mes démarches près de la Cour... ; combien il est nécessaire qu'elle reste un secret. Car on juge, à la Cour, non sur les circonstances, mais uniquement, hélas ! sur les apparences. Vous savez, d'ailleurs, et êtes assurément bien persuadé, que si, comme je puis à présent formellement l'espérer, je suis heureux dans ma requête, vous n'aurez rien perdu du tout... Avec quel plaisir je réglerai alors toutes mes dettes vis-à-vis de vous !... Avec quel plaisir je vous remercierai !... tout en me reconnaissant d'ailleurs à jamais votre obligé !... Quelle agréable impression, une fois atteint enfin le but poursuivi !... Quelle impression divine, si l'on y a été aidé !... Mes larmes ne me permettent pas d'achever ce tableau... Bref !... tout mon bonheur à venir est entre vos mains... Faites selon votre noble cœur... faites ce que vous pourrez, et pensez que vous le faites pour un homme loyal et reconnaissant à jamais, que sa situation rend plus malheureux à cause de vous qu'à cause de lui-même !

M.

Constance va régulièrement en cure à Baden. Chaque jour, Wolfgang lui écrit : elle semble être la première de ses préoccupations, l'objet de toute sa sollicitude.

– À sa femme.

Vienne, mercredi 6 juillet 1791.

Très chère, excellente petite femme !

C'est avec un indescriptible plaisir que j'ai reçu la nouvelle du reçu certain de l'argent... Je ne puis me rappeler, cependant, t'avoir écrit de « tout » employer en règlement de comptes. Comment donc l'aurais-je écrit, si je suis une créature raisonnable ?... Si je l'ai fait..., il faut que j'aie été bien distrait ! Et c'est, du reste, très possible, tant j'ai de choses importantes en tête. – Mon idée s'appliquait, seulement, aux bains... : le reste est pour ton usage quotidien... ; et ce qui restera encore à payer, comme j'en ai déjà fait le compte, je le réglerai moi-même à mon arrivée. (...) C'est une vie pas agréable du tout !... Patience ! Cela s'améliorera... et je me reposerai alors dans tes bras ! (...)

Maintenant tu ne peux me faire un plus grand plaisir qu'en étant contente et gaie... ; car si seulement « je sais avec certitude » que rien ne « te » manque... toute ma peine m'est chère et agréable... Oui, la plus fâcheuse et embrouillée situation où je puisse jamais me trouver me semblera bagatelle si je sais seulement que « tu es contente et gaie ». – Et à présent, porte-toi vraiment bien !... profite de tes bouffons de table... ; pensez et parlez souvent de moi... ; aime-moi toujours comme je t'aime, et sois à jamais ma Stanzi Marini, comme je serai, à jamais, ton

L'écritoire (ou le nécessaire de correspondance) de Mozart ?

Stu ! Knaller paller
Schnip — Schnap — Schnur
Schnepeperl
Snai

Donne un soufflet à N. N., en lui disant que tu as voulu mettre à mort une mouche que j'ai vue se poser [sur sa joue] ! *Adieu*... Prends garde !... Attrape !... br... br... br... 3 bécots, doux comme sucre, s'envolent d'ici !

Mozart.

Vienne, 7 juillet 1791.

Très chère, excellente petite femme !

Tu me pardonneras bien de ne recevoir maintenant qu'une lettre de moi. La raison est : que je dois saisir au passage un certain N.N., et ne pas le laisser *échapper*... Tous les jours, dès 7 heures du matin, je suis chez lui.

J'espère, d'ailleurs, que tu auras reçu exactement ma lettre d'hier (...)

Maintenant, je ne désire plus qu'une chose : que mes affaires soient réglées, afin de me retrouver près de toi. Tu ne peux croire combien, tous ces temps-ci, le temps m'a duré, loin de toi !... Je ne puis t'expliquer mon impression : c'est une espèce de vide..., qui me fait très mal..., une certaine aspiration, qui n'est jamais satisfaite et ne cesse donc jamais,... qui dure toujours et même croît de jour en jour. — Quand je pense avec quelle gaieté d'enfant nous avons passé le temps ensemble, à Baden... et quelles tristes, ennuyeuses heures je vis ici !... Même mon travail ne me charme plus, parce que j'étais habitué à me lever de temps à autre pour échanger deux mots avec toi et que cette satisfaction m'est malheureusement impossible... Si je vais au piano et chante quelque chose de mon opéra, je dois tout de suite m'arrêter... : cela me fait trop d'impression !... *Basta* !... Qu'une heure vienne où mon affaire ait son terme, et l'heure suivante on ne me trouvera plus ici !

Je ne sais plus rien de neuf à t'écrire. (...) *Adieu*, très chère petite femme. À jamais ton

Mozart.

Mozart vu par ses contemporains

Pour parler de Mozart, plusieurs témoins, proches ou étrangers, fascinés par son enfance et par la sensation de côtoyer un phénomène inexplicable : la présence du génie. On le ressent aussi bien dans le laconisme de sa sœur que dans la jovialité émue d'un ami ou l'apparent détachement d'un scientifique. Quant aux témoignages du baron Grimm, ils en disent long sur leur auteur.

En 1793, la sœur de Mozart, alors baronne zu Sonnenburg, retirée à Salzbourg, écrit cette note sur son frère.

Le jeune Mozart était un maître accompli, dès qu'il se mettait au piano. Dans la musique la plus compliquée, il remarquait la plus petite dissonance et disait tout de suite quel instrument avait fait la faute, et même quelle note il aurait dû faire. Pendant une exécution musicale, il s'irritait au plus petit bruit. Bref, tant que durait la musique, il était tout musique ; dès qu'elle avait cessé, on revoyait l'enfant. Jamais il ne fallut le contraindre pour composer ou pour jouer ; au contraire, il fallait toujours l'en distraire. Autrement, il serait resté jour et nuit assis au piano ou à composer.

Étant enfant, il avait le désir d'apprendre tout ce qu'il voyait. Il montrait beaucoup de dispositions pour le dessin et le calcul ; mais il était trop absorbé par la musique pour pouvoir manifester ses talents en toute autre branche.

Wolfgang était petit, maigre, pâle de teint et tout à fait exempt de prétention dans la physionomie et le corps. Hormis en musique, il fut et demeura presque toujours un enfant, et cela est le trait principal de son caractère, du côté de l'ombre. Il aurait toujours eu besoin d'un père, d'une mère ou d'un mentor. Il était incapable de compter avec l'argent, il épousa contre la volonté de son père, une jeune fille qui ne lui convenait pas ; ce fut la cause d'un grand désordre domestique au moment de sa mort et après.

Maria Anna Mozart,
in *Mozart raconté par ceux qui l'ont vu*,
Prod'homme, Stock.

Andreas Schachtner, trompette de la cour de Salzbourg et ami de Leopold Mozart, évoque ses souvenirs qu'il garde du petit Wolfgang dans une lettre adressée à Maria Anna Mozart.

Très haute et noble Dame,

Votre très agréable lettre m'est parvenue non à Salzbourg, mais à Hammerau, où j'étais en visite chez mon fils, employé de l'administration supérieure de cette localité. (...)

À votre question : quels étaient les jeux préférés de feu monsieur votre frère dans sa jeunesse N B. indépendamment de son occupation en musique ? — à cette question, il n'y a rien à répondre : en effet, dès qu'il commença à s'adonner à la musique, tous ses sens furent comme morts à toute autre occupation, et même les enfantillages et petits jeux devaient, pour l'intéresser, être accompagnés de musique. (...)

Madame ! Vous pouvez vous rappeler que j'avais un très bon violon, que feu Wolfgangerl appelait toujours violon de beurre, parce qu'il avait un son doux et rond. Un jour, peu après que vous fûtes revenus de Vienne [au début de 1763], il en joua et n'eut pas assez d'éloges pour mon violon ; un jour ou deux plus tard, j'allai le voir et le trouvai s'amusant avec son propre violon ; il me dit aussitôt : « Qu'est-ce que ça me fait, votre violon de beurre ? » Puis il continua de râcler à son idée ; enfin il réfléchit un instant et me dit : « Monsieur Schachtner, votre violon est accordé un demi-quart de ton plus bas que le mien, quand vous l'avez accordé la dernière fois que j'ai joué dessus. » J'en ris d'abord, mais le papa, qui connaissait l'extraordinaire sensibilité et mémoire des sons de l'enfant, me pria d'aller chercher mon violon et de voir s'il avait raison. Je le fis, et c'était exact.

Quelque temps auparavant, dans les tout premiers jours après votre retour de Vienne, d'où Wolfgang avait rapporté un petit violon dont on lui avait fait cadeau, feu M. Wenzl, notre excellent violoniste à l'époque, qui débutait dans la composition, apporta six trios qu'il avait faits pendant l'absence de monsieur votre papa et pria monsieur votre papa de lui donner son opinion. Nous jouâmes ces trios, et le papa joua la basse sur l'alto, M. Wenzl le premier violon, et moi je dus jouer le second. Wolfgangerl demanda à jouer le second violon, mais le papa repoussa sa demande insensée, car il n'avait pas encore la moindre notion de violon, et le papa croyait qu'il n'était pas le moins du monde capable d'en jouer. Wolfgang dit : « Pour jouer le second violon, il n'y a pas besoin d'avoir appris. » Et comme le papa lui ordonnait de s'en aller et de ne pas nous déranger plus longtemps, Wolfgang se mit à pleurer amèrement, et sortit à petits pas, avec son violon. Je demandai qu'on le laissât jouer avec moi : enfin le papa dit : « Joue avec M. Schachtner, mais si doucement qu'on ne t'entende pas, sans cela, tu sortiras ! » Ainsi fut fait, Wolfgang joua avec moi. Bientôt je m'aperçus avec étonnement que j'étais tout à fait superflu, je posai doucement mon violon, et regardai monsieur votre papa ; pendant cette scène, les larmes de l'admiration et de l'espérance coulaient de ses yeux ; et il joua ainsi les six trios. Lorsque nous eûmes terminé, nos éloges donnèrent à Wolfgang tant d'audace, qu'il prétendit qu'il pourrait jouer aussi le premier violon. Nous en fîmes l'essai, pour rire, et faillîmes mourir de rire, en le voyant jouer le tout, avec de

M ozart et sa sœur jouent chez Marie-Thérèse. Il ne faut pas s'en étonner, c'est d'abord l'enfant prodige qui stupéfie ses contemporains.

mauvaises et maladroites positions, mais sans rester une seule fois à court.

Pour finir. De la sensibilité et de la finesse de son oreille.

Presque jusqu'à sa dixième année, il eut un effroi irraisonné de la trompette, quand on la jouait seule, sans autre musique : il suffisait qu'on lui montrât une trompette, c'était tout comme si on lui eût mis sur le cœur un pistolet chargé. Le papa voulut le délivrer de cette terreur enfantine et il me dit, un jour, de jouer tout près de lui, malgré son refus ; mais, mon Dieu ! je n'aurais pas dû obéir. À peine Wolfgang eût-il perçu le timbre éclatant, qu'il pâlit, commença à s'évanouir et, si j'avais continué, il aurait certainement eu des convulsions (...).

Madame,
        votre très dévoué serviteur,
            Andreas Schachtner,
    Trompette de la cour princière.
Salzbourg, le 24 avril 1792.

in Prod'homme, *op. cit.*

Daines Barrington, magistrat, archéologue et naturaliste anglais (1727-1800) adressa ses observations sur l'enfant Mozart à la Royal Society.

Monsieur,
Si je vous apportais la nouvelle digne de foi d'un enfant qui n'ayant que huit ans, aurait sept pieds de haut, ce fait ne paraîtrait pas indigne, sans doute, d'être porté à la connaissance de la Société royale.

Ce que je vous supplie, aujourd'hui, de porter à la connaissance de la savante Société, au sujet d'un talent musical absolument extraordinaire, avec la même précocité, me semble de même pouvoir attirer son attention. (...)

J'avais entendu dire qu'il lui venait souvent des idées musicales qu'il exécutait au clavecin, même en pleine nuit, et je dis à son père que je serais très heureux d'entendre de ses compositions improvisées.

Le père, hochant la tête, répondit

que cela dépendait entièrement de son inspiration musicale, mais que je pourrais lui demander s'il était prêt à faire une composition de ce genre.

Comme je savais que le petit Mozart était très estimé de Manzuoli, le célèbre chanteur, qui vint en Angleterre en 1764, je dis à l'enfant qu'il me serait agréable de l'entendre improviser un chant d'amour, comme son ami Manzuoli aimerait en avoir un [à chanter] dans un opéra.

L'enfant, qui était toujours à son clavecin, regarda autour de lui avec malice et commença aussitôt sur des *tra, la, la,* en guise de paroles, à chanter cinq ou six lignes d'une espèce de discours récitatif, qui était approprié à l'introduction d'un chant d'amour ; puis, sur le clavecin, il joua un prélude qui pouvait correspondre à un air sur le seul mot *affetto* (amour). Cet air avait une première et une seconde parties, et cela, avec les interludes, était de la longueur qu'on donne habituellement aux airs d'opéra. Même si cette composition improvisée n'était pas absolument remarquable au point d'étonner, elle était cependant considérablement au-dessus de la moyenne et attestait dans l'invention une habileté très extraordinaire.

Comme je trouvais qu'il était bien disposé et en veine d'inspiration, je le priai de composer un *air de fureur,* comme pour l'opéra. L'enfant encore une fois, jeta un regard circulaire, d'un air très rusé, et commença cinq ou six lignes d'une espèce de discours récitatif qui pouvait passer pour le prélude d'un air de fureur. Celui-ci dura à peu près aussi longtemps que le chant d'amour, et l'enfant, au milieu de cet air, s'excita à un tel point qu'il frappait son clavier comme un possédé, se soulevant de temps en temps sur sa chaise. Le mot

qu'il avait choisi pour cette seconde composition improvisée était *perfido.*

Après cela, il joua une pièce difficile qu'il venait de terminer un ou deux jours auparavant. Son exécution plongeait dans l'étonnement, car ses petits doigts pouvaient à peine embrasser une quinte sur le clavier.

Son habileté étonnante ne provenait pas seulement d'un grand exercice : il avait une connaissance parfaite des lois de la composition. Ainsi, il écrivait aussitôt une basse au-dessous d'un chant qu'on lui donnait, et quand on l'essayait, elle faisait un très bon effet.

Il avait encore une grande maîtrise dans les modulations, dans le doigté, et ses passages d'un ton à un autre étaient extraordinairement naturels et judicieux ; il jouait de cette façon pendant longtemps, un drap placé sur les touches du clavier.

J'ai été le témoin oculaire de tout ce que j'ai rapporté [ci-dessus]. Je dois encore ajouter que deux ou trois habiles musiciens m'ont dit que John Christian Bach, le célèbre compositeur, ayant commencé et soudain interrompu une fugue, le petit Mozart l'avait reprise immédiatement et terminée d'une manière absolument magistrale.

Ayant été témoin de ces choses extraordinaires, je dois avouer que je ne pouvais me défendre du soupçon que le père cachait peut-être l'âge véritable de l'enfant, mais son aspect était tout à fait d'un enfant, de même que tous ses actes portaient bien la marque de son âge. Par exemple : pendant qu'il préludait devant moi, survint un chat qu'il aimait ; aussitôt, il abandonna son clavier et, pendant un bon moment, nous ne pûmes l'y ramener. Parfois, il trottait à travers la chambre, à cheval sur un bâton.

Je constatai de même que la plupart des musiciens de Londres avaient cette opinion sur son âge ; ils croyaient qu'il n'était pas possible qu'un enfant d'un âge aussi tendre pût surpasser la plupart des maîtres de l'art.

in Prod'homme, *op. cit.*

Dans la Correspondance littéraire *du baron Grimm, protecteur de Mozart à Paris, et admirateur convaincu, on retrouve le même émerveillement.*

Le 1er décembre 1763.

Les vrais prodiges sont assez rares pour qu'on en parle quand on a occasion d'en voir un. Un maître de chapelle de Salzbourg, nommé Mozart, vient d'arriver ici avec deux enfants de la plus jolie figure du monde. Sa fille, âgée de onze ans, touche le clavecin de la manière la plus brillante ; elle exécute les plus grandes pièces et les plus difficiles avec une précision à étonner. Son frère, qui aura sept ans au mois de janvier prochain, est un phénomène si extraordinaire qu'on a de la peine à croire ce qu'on voit de ses yeux et ce qu'on entend de ses oreilles. C'est peu pour cet enfant d'exécuter avec la plus grande précision les morceaux les plus difficiles avec des mains qui peuvent à peine atteindre la sixte ; ce qui est incroyable c'est de le voir jouer de tête pendant une heure de suite, et là s'abandonner à l'inspiration de son génie et à une foule d'idées ravissantes qu'il sait encore faire succéder les unes aux autres avec goût et sans confusion. (...)

C'est peu pour lui de déchiffrer tout ce qu'on lui présente : il écrit et compose avec une facilité merveilleuse, sans avoir besoin d'approcher du clavecin et de chercher ses accords. Je lui ai écrit de ma main un menuet, et l'ai prié de me mettre la basse dessous ; l'enfant a pris la plume, et sans approcher du clavecin, il a mis la basse à mon menuet. Vous jugez bien qu'il ne lui coûte rien de transposer et de jouer l'air qu'on lui présente, dans le temps qu'on exige ; mais voici ce que j'ai encore vu, et qui n'en est pas moins incompréhensible. Une femme lui demande l'autre jour s'il accompagnerait bien d'oreille et sans la voir, une cavatine italienne qu'elle savait par cœur ; elle se mit à chanter. L'enfant essaya une basse qui ne fut pas absolument exacte, parce qu'il est impossible de préparer d'avance l'accompagnement d'un chant qu'on ne connaît pas ; mais l'air fini, il pria la dame de recommencer, et à cette reprise, il joua non seulement de la main droite le chant de l'air, mais il mit de l'autre, la basse sans embarras. Après quoi il pria dix fois de suite de recommencer et à chaque reprise, il changea le caractère de son accompagnement ; il l'aurait fait répéter vingt fois si on ne l'avait fait cesser. Je ne désespère pas que cet enfant ne me fasse tourner la tête, si je l'entends encore souvent ; il me fait concevoir qu'il est difficile de se garantir de la folie en voyant des prodiges. Je ne suis plus étonné que saint Paul ait eu la tête perdue après son étrange vision. Les enfants de M. Mozart ont excité l'admiration de tous ceux qui les ont vus. L'empereur et l'impératrice les ont comblés de bonté ; ils ont reçu le même accueil à la cour de Munich et à la cour de Mannheim. C'est dommage qu'on se connaisse si peu en musique en ce pays-ci. Le père se propose de passer d'ici en Angleterre, et de ramener ensuite ses enfants par la partie inférieure de l'Allemagne.

La musique de chambre : un bonheur rare pour un musicien, à partager entre amis.

Quinze ans plus tard, Grimm dissuade Leopold de laisser son fils continuer de tenter sa chance à Paris.

Paris, le 27 juillet 1778.

Il est *zu trauerzig*, peu actif, trop aisé à attraper, trop peu occupé des moyens, qui peuvent conduire à la fortune. Ici, pour percer, il faut être retors, entreprenant et audacieux, je lui voudrais pour sa fortune la moitié moins de talent et le double plus d'entregent, et je n'en serais pas embarrassé, au reste il ne peut tenter ici que deux chemins pour se faire un sort. Le premier c'est de donner des leçons de clavecin ; mais sans compter qu'on n'a des élèves qu'avec beaucoup d'activité et même de charlatanerie, je ne sais s'il aurait assez de santé pour soutenir ce métier, car c'est une chose très fatigante de courir les quatre coins de Paris et de s'épuiser à parler pour montrer. Et puis ce métier ne lui plaît pas, parce qu'il l'empêche d'écrire, ce qu'il aime par-dessus tout. Il pourrait donc s'y livrer tout à fait ; mais en ce pays ici le gros du public ne se connaît pas en musique. On donne par conséquent tout aux noms, et le mérite de l'ouvrage ne peut être jugé que par un très petit nombre. Le public est dans ce moment-ci ridiculement partagé entre Piccinni et Gluck, et tous les raisonnements qu'on entend sur la musique font pitié. Il est donc très difficile pour votre fils de réussir entre ces deux partis, etc. Vous voyez, mon cher maître, que dans un pays où tant de musiciens médiocres et détestables même ont fait des fortunes immenses, je crains fort que monsieur Votre Fils ne se tire pas seulement d'affaire. Je vous ai fait cet exposé fidèle non pour vous affliger, mais pour prendre ensemble le meilleur parti possible. Il est malheureux que la mort de l'Électeur de Bavière ait empêché monsieur Votre Fils d'être placé à Mannheim, etc.

in Prod'homme, *op. cit.*

Mozart et la franc-maçonnerie

Mozart a vingt-huit ans lorsqu'il adhère à la franc-maçonnerie. Pendant les dernières années de sa vie, c'est auprès de ses frères maçons qu'il trouvera le réconfort intellectuel, matériel et moral qui lui sera nécessaire.

Les liens de Mozart avec la franc-maçonnerie ont fait couler beaucoup d'encre. C'est le 14 décembre 1784 que Wolfgang se fait initier au grade d'apprenti dans la loge viennoise À la bienfaisance, dont le vénérable était le baron Otto von Gemmingen-Hornberg, qu'il avait connu À la fin de son séjour à Mannheim dans les premiers mois de 1778, avant son départ pour Paris. Écrivain, admirateur et traducteur de Shakespeare, mais surtout de Rousseau et de Diderot, c'est grâce à lui que Mozart côtoie pour la première fois (mais sans doute de façon très superficielle) les milieux maçonniques. C'est, pense-t-on, par son entremise, et par celle de von

F rontispice de la cantate *Die Mauerfreude*.

Sickingen, ministre de l'Électeur palatin en poste à Paris, que Wolfgang a rencontré lors de son séjour dans la capitale française, un autre musicien et maçon, François-Joseph Gossec. C'est encore avec von Gemmingen qu'il aura, lors de son second séjour à Mannheim, fin 1778, le projet d'un mélodrame d'après la *Sémiramis* de Voltaire, dont le baron en personne aurait écrit le livret.

Depuis la fondation de la grande loge d'Angleterre, à Londres, le 24 juin 1717, sous les auspices de saint Jean-Baptiste, le mouvement avait pris une expansion rapide non seulement en Europe mais aussi en Amérique. S'il s'était implanté sans peine dans l'Empire allemand, c'était grâce à François de Lorraine (le futur empereur François-Joseph par son mariage avec Marie-Thérèse), lui-même initié dès 1731. Malgré la bulle papale de 1738 la condamnant, la franc-maçonnerie fut d'abord tolérée puis ouvertement admise et la première loge viennoise s'ouvrit en 1842. En 1785, sur l'ordre de Joseph II qui avait, en 1780, succédé à sa mère Marie-Thérèse (franchement hostile au mouvement) avec laquelle il partageait le pouvoir depuis 1765, il ne restait plus dans la capitale que trois loges.

On a peine à imaginer, aujourd'hui, à quel point l'Ordre était le lieu de rassemblement parfait pour l'élite intellectuelle d'une époque en proie à de multiples interrogations morales et spirituelles auxquelles l'Église ne pouvait répondre, trop occupée qu'elle était à jouer un rôle politique et social. Inspirée par des traditions venues en droite ligne du corporatisme médiéval (celles des architectes et des maçons, d'où son nom), ainsi que de rites initiatiques remontant à l'Antiquité

égyptienne, la franc-maçonnerie ne pouvait que souscrire aux idées humanistes du siècle des lumières, au-delà des dogmes religieux. Idées généreuses, ayant pour finalité le bonheur de l'humanité (il est facile, d'ailleurs, de les rapprocher de celles qui allaient triompher au cours de la Révolution française), qui ne pouvaient que séduire un être aussi sensible que Mozart.

Il est vrai qu'il avait été de très bonne heure en contact avec des maçons puisque dès 1767, à Vienne, il composait le lied *An die Freude* sur un texte maçonnique, pour remercier le médecin qui l'avait soigné lors de l'épidémie de variole. Le docteur Mesmer, Gebler (l'auteur de *Thamos*), von Gemmingen, Le Gros (directeur des Concerts Spirituels de Paris), van Swieten, et le savant minéralogiste Ignaz von Born, autant de relations qui ont jalonné sa vie et l'ont aidé à parcourir le chemin menant à l'initiation de 1784, accueillie avec ardeur puisque dès le 7 janvier 1785 (moins d'un mois après) il devenait compagnon, avant d'obtenir le grade de maître le 22 avril. Est-ce à son prosélytisme que l'on doit l'initiation de Leopold dans la même loge en mars 1785, ainsi que celle de Joseph Haydn le 11 février ? Tout porte à le penser.

De *Thamos, roi d'Égypte* (1773), où les prêtres du soleil ne sont que le symbole transparent des francs-maçons éclairés par la philosophie des lumières, à *la Flûte enchantée*, souvent considérée comme un opera testament, la trajectoire est logique et rectiligne et confirme que l'adhésion de Mozart à la franc-maçonnerie est bien le résultat d'une maturation progressive et non un emballement subit et passager.

Michel Parouty.

Vous avez dit Mozart ?

Musiciens, écrivains, philosophes ; nombreux sont ceux qui ont tourné leurs regards vers Mozart, même à une époque où le grand public semblait s'en détourner. Mais à travers leurs écrits, et au fil du temps, est-ce le même personnage qui se révèle ou n'est-il que le miroir qui reflétera leurs inquiétudes, leurs interrogations, leurs espoirs ?

Maison natale de Mozart à Salzbourg.

Du XIXe au XXe siècle, les compositeurs se rejoignent pour louer la perfection formelle d'une œuvre dont l'absolue beauté ne peut être contemplée que sous le regard de l'éternité.

Il faut débarrasser la musique de tout appareil scientifique. La musique doit humblement chercher *à faire plaisir* ; il y a peut-être une grande beauté possible dans ces limites. L'extrême complication est le contraire de l'art. Il faut que la beauté soit *sensible*, qu'elle nous procure une jouissance immédiate, qu'elle s'impose ou s'insinue en nous sans que nous ayons aucun effort à faire pour la saisir. Voyez Léonard de Vinci, voyez Mozart. Voilà de grands artistes !

> Claude Debussy,
> *Monsieur Croche.*

Là où ce dernier (Beethoven) est obscur et paraît manquer d'unité, ce n'est pas une prétendue originalité un peu sauvage, dont on lui fait honneur, qui est en cause ; c'est qu'il tourne le dos à des principes éternels. Mozart, jamais. Chacune des parties a sa marche, qui, tout en s'accordant avec les autres, forme un chant et le suit parfaitement ; c'est là le contrepoint, *punto contrapunto*.

> Mozart vu par Chopin,
> in *Journal* d'Eugène Delacroix,
> Éditions Plon.

Non seulement Mozart a porté la mélodie à son niveau le plus élevé, mais encore on peut dire qu'avec lui elle a atteint à un aboutissement classique, à une expression historique définitive, dont le dépassement, après lui, a été ressenti comme une chose irréalisable. C'est, au contraire, vers une destruction de l'ordre mélodique tonal que l'on devait lentement se diriger. (...)

Cette situation est sans aucun doute intolérable pour ceux qui ont la volonté d'assumer dans sa totalité la vie créatrice de leur temps. Parfois, ne sommes-nous pas tentés de nous retourner vers la beauté mozartienne, comme dans une nostalgie dont nous savons bien qu'elle n'est rien d'autre qu'un attendrissement sur nous-mêmes ? Voilà donc bien la dureté et le paradoxe de ce monde contemporain qui, pour nous musiciens, appelle et voudrait refuser en même temps la beauté du monde de Mozart. (...)

Oui, Mozart, avec sa divinité, sa suavité, nous a donné sa beauté ; mais, dans notre monde contemporain, dans notre déchirement, qu'avons-nous à faire de cette beauté ? En échange de quoi, cette beauté ? En quoi nous est-elle utile et pourquoi ne lui redemandons-nous pas, d'une façon rétrospective, notre cruauté ? Ce serait un échange d'une honnêteté, sur le plan historique, tout à fait décente. Cette beauté, nous n'en avons que faire ; notre cruauté, qu'il ne connaissait pas, il n'en avait que faire.

Peut-être ne sommes-nous que « partis », « engourdis dans la Terre comme des larves ou des taupes » ; peut-être, effectivement, « un jour... dans dix mille ans », les deux conflits, les deux erreurs, les deux impossibilités, ou plutôt les deux possibles, pourront-ils s'unir pour un même chant qui sera peut-être le dernier... ou peut-être le premier... ou peut-être celui de toujours. Ou bien le Commandeur nous a-t-il engloutis dans l'abîme avec Don Juan pour l'éternité ?

Qu'avons-nous à faire de l'honnêteté, de la morale, où tout s'échange, où l'un donne à l'autre ce qu'il a pris à un troisième, où le créateur, héritier d'une beauté, crée une autre beauté pour la donner à un autre ou aux autres, qui n'ont guère à s'en soucier ? Aucune morale ne reste, aucune possiblité de fraternisation, de communication avec autrui ; seule cette beauté immanente – que représente l'œuvre de Mozart —, irrépressible presque, irrationnelle surtout, est donnée dans une sorte de sens de l'éternité.

Pourquoi n'aurait-on pas le courage, la volonté, la rigueur, d'insulter la beauté, quand on ne sait plus la créer... ni même l'imaginer... puisque nous savons – ne l'avons-nous pas voulu ainsi ? – que le créateur est à la fois le voleur et le délateur, et que l'aventure esthétique n'est avant tout qu'ésotérisme et hermétisme.

Jean Barreaqué,
Mozart, génies et réalités,
Hachette.

Quant aux écrivains, ils semblent retenir avant tout la joie qui illumine la musique de Mozart, une joie qui ressemble à s'y méprendre à la sérénité et conduit à la spiritualité la plus pure.

Mozart, considéré sous le rapport philosophique, est encore plus étonnant que comme auteur d'ouvrages sublimes. Jamais le hasard n'a présenté plus à nu, pour ainsi dire, l'âme d'un homme de génie. Le corps était pour aussi peu que possible dans cette réunion étonnante qu'on appela Mozart, et que les Italiens nomment aujourd'hui *quel mostro d'ingegno.*

Stendhal,
lettre sur Mozart,
Monticello, le 29 août 1814.

Quand Mozart est gai, il ne cesse jamais d'être noble ; ce n'est pas un bon vivant, un simple épicurien

brillant comme Rossini ; il ne se moque point de ses sentiments ; il ne se contente point de l'allégresse vulgaire ; il y a une finesse suprême dans sa gaîté ; s'il y arrive, c'est par intervalles, parce que son âme est flexible et que, dans un grand artiste, comme dans un instrument complet, aucune corde ne manque. Mais son fond est l'amour absolu de la beauté accomplie et heureuse.

Taine.

1893

La joie de Mozart : une joie qu'on sent durable. La joie de Schumann est fébrile et qu'on sent qui vient entre deux sanglots. La joie de Mozart est faite de sérénité ; et la phrase de sa musique est comme une tranquille pensée ; sa simplicité n'est que de la pureté ; c'est une chose cristalline ; toutes les émotions s'y jouent, mais comme déjà célestement transposées. « La modération consiste à être ému comme les anges » (Joubert). Il faut penser à Mozart pour bien comprendre cela.

1er décembre 1910

Mozart est le musicien dont l'époque nous a le plus éloignés ; il ne parle qu'à demi-mot et le public n'entend plus que les cris.

André Gide, Journal, la Pléiade, Gallimard.

Profondément religieux, Mozart l'était au-delà de ce que pouvaient lui donner les faciles habitudes catholiques de sa vie. Mais pour lui comme pour tout mystique, le Christ est réel, total, infranchissable et ineffable. Lorsque Mozart écrit sur le Christ (le solo Et incarnatus est dans la Grande Messe, le motet Ave verum corpus), son chant est du Christ, et non plus de notre humanité. Mozart disparaît. Il n'est pas porté à son propre sommet comme Bach, sommet de Moïse sur le Sinaï ; il s'évanouit dans l'extase. Chose plus surprenante encore, je ressens cet évanouissement comme se faisant dans l'esprit de Mozart alors que son génie musical est au comble de la maîtrise. Si nous pouvions étudier très profondément cette situation, avec des instruments d'analyse psychique qui manquent encore, nous aurions peut-être l'explication du rapport possible entre la mystique – négation de l'art – et l'art le plus élevé en art. (...)

Génie religieux et presque irréligieux (La Flûte enchantée ne trahirait-elle pas une influence souterraine des idées qui dans la Révolution française aboutissent au culte de la Raison ?) il échappe à toute catégorie idéale – comme Shakespeare, à la fois athée, croyant, spirituel, sorcier. Nous n'avons plus de mesures pour prendre la taille de tels hommes. Nos êtres sont devenus trop petits et un trop grand malheur social nous accable.

Je vois dans Mozart une modernité de la musique ancienne. Par la douleur et la dureté, par la tendance au surhumain, il apporte ce vers quoi soupire, en nous, l'âme la meilleure et la moins effondrée. Il l'apporte mieux que tout autre maître de la Musique, à l'exception de Bach. (...)

Un document émouvant : le manuscrit de la première œuvre de Mozart.

L'aversion de Mozart pour Salzbourg, lieu de sa naissance, était très forte et constante. « Vous savez... combien Salzbourg m'est odieuse !... Partout ailleurs j'ai plus d'espoir de pouvoir vivre satisfait et heureux... Vous avez maintenant l'opinion d'un vrai *patriote* ! » (Lettre de Paris en 1778). On ne peut manquer de saisir, lorsque l'on marche dans la belle Salzbourg, Salzbourg des Médicis mais aussi des montagnes vertes de l'idylle, grave et familière, aérienne ; mais aussi avec le côté du sombre rêve, les mines de sel, les catacombes dans les énormes parois de rocher ; ville qui pourrait être de Piranèse ; on ne peut manquer de saisir l'identité qui existe quelque part entre le génie de la ville et le génie de Mozart. Qu'est-ce à dire ? Mozart haïssait ce que certes il aimait et qui l'unissait par le sang à la terre. Je regarde la figure puissante et modelée mais violemment anxieuse du portrait de Lange. Son caractère féminin étonne et effraie un peu. Le drame avec le pays, autre forme du drame avec la mère, avec la naissance, me paraît tout à coup inscrit dans la matière lourde de ces yeux. Cependant le visage entier est comme un globe éclairant – *comme un soleil*. Cela ne se passe-t-il pas comme si

la rupture douloureuse et amère avec la force maternelle, qu'il a ensuite absorbée pour ainsi dire, il l'avait rachetée en épousant le soleil ? Rachat de la mère par le père, élection de Jupiter, initiation dans *la Flûte enchantée*, ce serait la destinée de Mozart. L'aspect puéril de sa vie sentimentale, l'aspect léger de ses actions, l'aspect sombre aussi du temps où l'ange peu à peu meurt, la précocité, la hâte du génie, la brièveté même de l'existence, devraient s'expliquer dans le sein du plus grand tragique. *Don Giovanni*, placé à la croisée des chemins, prend un caractère grandiose. Mozart est envoyé sur terre pour ne pas aimer, pour ne pas accepter, pour ne pas durer – et pour aimer, pour être débordant d'amour, par ces voies mêmes. Mozart meurt enfant. Rien de la merveille de l'enfant ne s'est jamais éteint en lui avant la mort. Lorsqu'il meurt de cette façon merveilleuse (comme si l'enfance augmentait à la fin, la *Zauberflöte* est la plus enfant de ses œuvres), Mozart a accompli une destinée qui n'a pas sa seconde forme au monde.

P.-J. Jouve,
le Don Juan de Mozart,
Éditions Plon.

La saga de l'opéra

Entre les trois grands genres d'opéras alors en usage, le Singspiel en langue allemande, l'opéra buffa *(comédie) et l'opéra* seria *(tragédie) en langue italienne, Mozart composa en tout dix-sept opéras. Quelques-uns d'entre eux comptent parmi les chefs-d'œuvre de la musique.*

LA FLÛTE ENCHANTÉE

Opéra en deux actes

Personnages
Sarastro
Tamino
L'Orateur
la Reine de la Nuit
Pamina, sa fille
Trois Dames de la Nuit
Trois génies
Papageno, oiseleur
Papagena
Monostatos, un Maure

Acte I

Poursuivi par un serpent, le prince Tamino est sauvé par les trois Dames de la Nuit, et non par l'oiseleur Papageno, comme le prétend ce dernier. Lorsqu'il revient à lui, elles lui remettent un portrait de Pamina, la fille de leur reine, prisonnière de Sarastro. Pour punir Papageno de son mensonge, elles lui ferment la bouche d'un cadenas. La Reine de la Nuit apparaît. Elle promet à Tamino la main de sa fille s'il parvient à la délivrer. Les Dames de la Nuit enlèvent son cadenas à Papageno, lui remettent un jeu de clochettes et donnent à Tamino une flûte magique pour les protéger.

Dans le palais de Sarastro, le Maure Monostatos poursuit Pamina. Il est effrayé par Papageno, qui arrive à temps pour consoler la jeune fille. Pendant ce temps, trois jeunes garçons ont conduit Tamino à l'entrée des temples de la Nature, de la Raison, de la Sagesse. Ravi de savoir qu'il va bientôt rencontrer Pamina, Tamino joue de sa flûte et charme les animaux sauvages. Pour se libérer des esclaves que Monostatos a envoyés à sa poursuite, Papageno agite ses clochettes. Mais voici Sarastro. Il réconforte Pamina, lui demandant de ne pas revoir sa mère. Monostatos apparaît, suivi de Tamino qui a été capturé. Dès le premier regard, le prince et Pamina s'éprennent l'un de l'autre.

Acte II

Sarastro prie Isis et Osiris d'accorder leur protection à Tamino et Pamina. La première épreuve imposée au prince et à Papageno est celle du silence. Ils en triomphent, malgré les tentatives des trois Dames de la Nuit. La Reine de la Nuit ordonne à sa fille de tuer Sarastro et lui remet un poignard. Monostatos revient, menace de dénoncer Pamina mais Sarastro intervient. À nouveau, il rassure la jeune fille : il ne songe nullement à se venger de la Reine de la Nuit. Les épreuves continuent pour Tamino et Papageno. Une vieille femme se présente à l'oiseleur comme étant sa promise, Papagena, mais elle disparaît aussitôt. Tamino, toujours astreint au silence, reste muet devant Pamina, désespérée. Papageno retrouve la vieille femme, qui se transforme en une charmante jeune fille, mais les épreuves de l'oiseleur ne sont pas terminées et elle disparaît à nouveau.

Pamina, en proie à la plus grande détresse, tente de se suicider. Trois génies l'en empêchent et la conduisent vers Tamino pour la dernière épreuve, celle du feu et de l'eau, dont ils triomphent ensemble. Papageno, ne retrouvant pas Papagena, tente de se pendre ; mais sur le conseil des trois génies, il agite ses clochettes et Papagena réapparaît.

Monostatos s'est laissé convaincre par la Reine de la Nuit de l'aider à enlever Pamina. Mais devant la Lumière, les forces de la Nuit s'évanouissent. Pamina et Tamino, enfin réunis, ont trouvé la Vérité.

Création

Theater auf der Wieden, Vienne, 30 septembre 1791.

Franz Xaver Gerl (Sarastro), Benedikt Schak (Tamino), Josepha Hopfer (la Reine de la Nuit), Anna Gottlieb (Pamina), Emanuel Schickaneder (Papageno), Barbara Gerl (Papagena), Johann Joseph Nouseul (Monostatos), sous la direction du compositeur.

À Paris

Opéra de Paris, 20 août 1861, version arrangée par Lachnith sur un livret de Morel de Chèfdeville les Mystères d'Isis. Théâtre Lyrique : 23 février 1865. Opéra-Comique : 3 avril 1879. Opéra : 22 décembre 1922.

L'un des premiers biographes de Mozart, Georg Nikolaus von Nissen, fut aussi le second mari de Constance. C'est à lui que l'on doit le récit de la commande de la Flûte enchantée à un Schikaneder aux abois qui n'hésita même pas à léser son ami.

Ce fut un pauvre hère d'imprésario qui suscita le chef-d'œuvre et mit à contribution le génie de Mozart, espérant, grâce à son concours, sauver son théâtre de la ruine. Ce directeur dans l'embarras se nommait Schikaneder ; il était aussi librettiste et acteur. Ayant jadis connu Mozart, dans un voyage qu'il fit à Salzbourg avec sa troupe, en 1780, il crut pouvoir lui confier ses déboires et solliciter sa collaboration. La grande monographie de Mozart par Otto Jahn, nous donne de singuliers détails sur ce Schikaneder ; né à Ratisbonne de parents besogneux, dès sa jeunesse il avait vécu de la vie de théâtre, jouant lui-même les rôles principaux des pièces qu'il écrivait.

Malgré ces efforts d'imagination, la situation de Schikaneder n'était guère prospère, et lorsqu'il vint trouver

Mozart, en 1791, le pauvre diable était à deux doigts de la misère complète. « Sauvez-moi, dit-il à Mozart, consentez à écrire, pour mon théâtre, un opéra qui attire la foule. J'ai découvert un sujet fantastique tout à fait propre à l'intéresser. » Et il exposa à Mozart un poème tiré d'une légende de Wieland, qu'il avait transformée pour la scène. Il intitulait l'ouvrage : *la Flûte enchantée.*

Nous croyons bien qu'il n'y a guère au théâtre d'imbroglio plus enfantin et plus enchevêtré que cette rapsodie dont Mozart a fait un chef-d'œuvre impérissable. Cela tient aux nombreux remaniements que la version primitive de Schikaneder eut à subir avant d'être arrêtée définitivement. (...)

De ce premier libretto de la *Flûte enchantée*, Papageno et Papagena sont les seuls personnages dont les rôles soient restés à peu près conformes à la conception de Schikaneder. Ils lui appartiennent en propre, et il faut bien avouer que ce ne sont pas les plus mal réussis, loin de là. Tout le reste subit de profondes modifications par suite de circonstances que nous allons exposer et qui changèrent presque entièrement la donnée que Schikaneder proposait à Mozart.

On se doute bien qu'en choisissant ce sujet, l'imprésario en détresse avait égard aux goûts du moment et obéissait aux préférences du public d'alors pour les aventures féeriques. La mode était aux histoires merveilleuses, aux contes de géants, de gnomes et d'enchanteurs. Les ouvrages de Wieland avaient fait naître une littérature et un théâtre tout fantastiques, et, avant la *Flûte enchantée*, Schikaneder lui-même avait déjà joué un *Oberon* tiré (comme celui de Weber) du même Wieland

Schikaneder eut recours à un de ses collaborateurs ordinaires, nommé Gieseke, poète et choriste de son théâtre, l'auteur de cet *Oberon, roi des elfes*, qu'il avait joué naguère. Ce Gieseke remania de fond en comble le poème de Schikaneder. Du méchant magicien, il fit un prêtre de la Nature et de la Raison ; de la reine des étoiles flamboyantes, il fit la reine de la nuit ; du prince amoureux, il fit un initié ; bref, il introduisit dans la *Flûte enchantée* un élément tout nouveau et dont Schikaneder n'avait eu aucune idée en écrivant son libretto : l'élément franc-maçonnique.

Ici, quelques explications sont nécessaires pour bien faire comprendre l'importance de cette transformation, qui jette sur l'œuvre de Mozart une clarté si inattendue.

Sous le règne de Leopold II, la secte des francs-maçons, qui avait joui jusque-là d'une tolérance relative, devint suspecte aux pouvoirs publics : on la soupçonna d'être un centre dangereux de libéralisme politique et religieux, et l'attitude de l'État vis-à-vis de l'Ordre changea complètement. Otto Jahn, à qui nous empruntons ces renseignements et ceux qui précèdent, suppose que l'Ordre même put avoir une part effective à la transformation de la *Flûte enchantée*. Gieseke, en effet, était un franc-maçon zélé, Schikaneder et Mozart également. Il n'y aurait donc rien d'impossible à ce qu'ils eussent reçu les instructions nécessaires pour tenter sur le théâtre une sorte d'apologie symbolique des doctrines qu'ils professaient secrètement. Quoi qu'il en soit, que cette glorification de la franc-maçonnerie persécutée fût le résultat, soit de l'initiative de Gieseke ou celui d'un vœu de l'Ordre, il est incontestable que le sujet de la *Flûte*

Le pavillon dans lequel Mozart composa *La Flûte enchantée*, à Salzbourg.

enchantée en fut singulièrement relevé. Au lieu de l'histoire merveilleuse de fées et d'enchanteurs primitivement élaborée par Schikaneder, Mozart eut à composer de la musique pour une œuvre désormais parée d'une signification ésotérique qui ne dut pas peu contribuer à la lui faire prendre au sérieux. Les mystères d'Isis et d'Osiris, qui servent de cadre aux cérémonies de l'initiation de Tamino, furent traités par lui avec une sorte de sérénité mystique à laquelle le pressentiment de sa fin prochaine ne fut pas non plus étranger. Tout ce qui se rapporte à cette partie de son ouvrage forme un contraste frappant avec ce que l'on peut appeler la partie humaine ou, pour parler avec Otto Jahn, la partie ésotérique de la *Flûte enchantée*, c'est-à-dire l'amour de Tamino pour Pamina, la gaieté de Papageno et de Papagena, les trios aériens des fées et la fureur comique de Monostatos. Ici, la bonne humeur la plus alerte, l'esprit le plus étincelant, la légèreté, l'immatérialité, la passion humaine la plus sincère et la plus tendre. Là, le calme de la spiritualité apaisée, la joie de l'âme affranchie de tous les liens de la terre, l'extase surhumaine de l'initié.

La musique que Mozart a composée pour la *Flûte enchantée* est ainsi pleine de contrastes, suivant les scènes gaies ou tendres, passionnées ou religieuses que son poème lui offrait. Mais ce qui domine cette partition d'inspiration si aisée, de contours mélodiques si heureux et si simples, c'est la note grave et calme qui résonne solennellement aux scènes du temple d'Isis, c'est l'hymne mystérieux qui s'échappe de la poitrine de l'initié ; Mozart a mis dans ces chants de calme extase toute la sérénité de son âme tendre et lucide purifiée déjà par l'approche de la mort.

Paul Dukas.

COSI FAN TUTTE

Dramma giocoso en deux actes

Personnages

Fiordiligi, dame de Ferrare
Dorabella, sa sœur
Despina, leur femme de chambre
Ferrando, amoureux de Dorabella
Guglielmo, amoureux de Fiordiligi
Don Alfonso, vieux philosophe
L'action se déroule à Naples

Acte I

Dans un café de Naples, don Alfonso s'entretient avec ses amis, Guglielmo et Ferrando, de la fidélité des femmes. Les deux jeunes gens sont sûrs de leurs fiancées, Fiordiligi et Dorabella. Don Alfonso leur propose de les mettre à l'épreuve. Aidé de la servante Despina, il annonce aux deux jeunes filles que leurs soupirants doivent sur-le-champ partir pour la guerre. Désespérées, elles leur font les adieux les plus tendres. À peine sont-ils partis que don Alfonso fait entrer deux jeunes Albanais, qui déclarent aussitôt leur amour aux deux sœurs indignées, qui n'ont pas reconnu leurs soupirants déguisés. Pour mieux arriver à leurs fins, Ferrando et Guglielmo feignent de s'empoisonner. Despina, costumée en médecin, se charge de les ramener à la vie. On commence maintenant à sentir perceptiblement le trouble des deux fiancées.

Acte II

Encouragés par Despina, de nouveaux couples commencent à se former. Les tentatives de séduction des faux Albanais vont aboutir : Dorabella accepte d'échanger le médaillon que lui a remis Guglielmo contre un pendentif.

Fiordiligi, elle, résiste encore. La victoire de Guglielmo chagrine son ami, persuadé de la perfidie des femmes. De plus en plus troublée, poussée par Despina et Alfonso vers Guglielmo, Fiordiligi décide d'aller rejoindre son fiancé sur le champ de bataille. Mais devant le prétendu désespoir de Ferrando, elle renonce et s'abandonne, à la grande fureur de Guglielmo qui, de loin, observe la scène.

Les deux jeunes gens veulent rompre leurs fiançailles mais Alfonso les persuade que toutes les femmes agissent ainsi (*Cosi fan tutte,* Ainsi font-elles, toutes).

Au dîner, les nouveaux couples portent un toast à leur amour. Despina, déguisée cette fois en notaire, va conclure un faux mariage mais des trompettes annoncent le retour des armées. Ferrando et Guglielmo font leur entrée, étonnés d'être accueillis si tièdement. Despina est démasquée et les deux sœurs découvrent qu'elles ont été dupées. Les couples se reforment, comme au début. Leur reste-t-il encore des illusions ?

Création

Burgtheater de Vienne, 26 janvier 1790.
Vincenzo Calvesi (Ferrando), Francesco Benussi (Guglielmo), Francesco Bussani (Don Alfonso), Adriana Ferrarese (Fiordiligi), Louise Villeneuve (Dorabella), Sardy Bussani (Despina), sous la direction du compositeur.

À Paris

Théâtre-Italien : 1er février 1809.
Opéra-Comique : 26 juin 1920, version française.
Opéra : 17 mai 1974.

Guglielmo, déguisé en turc, et Dorabella, dans *Cosi fan tutte*. Mise en scène de J.-P. Ponnelle, direction musicale de Julius Rudel, le 26 mai 1976.

Malgré certains écrivains romantiques, le XIXᵉ siècle a oublié Mozart et l'a enseveli sous les légendes les plus tenaces. Notre époque a su le retrouver et en révéler la modernité. Le musicien Reynaldo Hahn fut l'un des artisans de cette résurrection.

Pendant longtemps, une forme bizarre de snobisme a empêché qu'on donnât, en France, des opéras de Mozart : il était convenu « qu'on ne savait plus chanter cette musique-là ». (...)

La vérité est que, de tout temps, les personnes capables de sentir profondément et d'interpréter comme il convient cette musique, si simple en apparence, ont été très rares, et qu'elles le sont devenues encore plus aujourd'hui, à cause de l'inimaginable ignorance technique où se complaisent la plupart des chanteurs contemporains. Mais est-ce là une raison pour bannir de nos théâtres des chefs-d'œuvre ravissants ou splendides pour l'exécution desquels on peut tout de même, de temps à autre, parvenir à rassembler un lot de bons artistes ? La seule façon de donner aux jeunes chanteurs le goût et la notion vraie de la musique de Mozart, c'est de leur en faire entendre et de leur en faire chanter souvent et dans les meilleures conditions possibles. (...)

Il semble, heureusement, que le *trac* dont on était saisit chez nous, à la seule idée de monter un ouvrage de Mozart, soit en grande partie vaincu. La très honorable représentation des *Noces* à l'Opéra-Comique, a obtenu, l'hiver dernier, un grand succès, et voici qu'on nous donne de *Cosi fan tutte* une exécution excellente dans l'ensemble et même brillante par certains côtés.

Cette œuvre adorable, bien qu'inégale, date du moment où Mozart avait atteint l'apogée de son génie. Elle fut composée après *Don Juan* et avant la *Flûte enchantée*, en moins d'un mois. On a beau dire que « le temps ne fait rien à l'affaire », comment ne pas rester confondu devant cette prodigieuse rapidité ? (...)

Mais Mozart ne fut-il pas, à lui seul, un miracle ininterrompu de trente-cinq années ?

Le livret de *Cosi fan tutte*, bâclé par Da Ponte, est plat et vulgaire. Il est, en outre, monotone ; les mêmes situations s'y reproduisent et s'y prolongent indûment. Les personnages sont peu sympathiques : deux pécores écervelées, deux fiancés lourdauds, une soubrette pétulante et un vieux sceptique plaisantin. Les idées qu'ils expriment, les actes qu'ils accomplissent indiquent des âmes communes. Mais Mozart n'a rien voulu voir de tout cela ; il avait promis à « son empereur » un nouvel opéra, il lui fallait un livret, il a pris celui qu'on lui offrait, et il a inondé de beauté la piètre élucubration de son collaborateur. Son sourire donne aux bouffonneries de Da Ponte un enjouement radieux ; bien plus, il méconnaît parfois, peut-être involontairement, le caractère burlesque de la pièce, comme dans le court et sublime quintette en *fa* majeur, comme dans le second air de Fernand, et y substitue un pathétique enivrant. Les deux donzelles et leurs amoureux ont, par moments, des accents si nobles, si profonds et si purs qu'on sent bien que Mozart ne se soucie guère de traduire leurs sentiments, mais leur prête son âme à lui, la plus douce et la plus généreuse qui ait jamais existé ici-bas.

Cette inadaptation même de la musique du livret répand sur le spectacle de *Cosi fan tutte* un illogisme charmant, une sorte de frivolité symbolique, en fait une fantaisie à la Shakespeare.

Reynaldo Hahn.

LES NOCES DE FIGARO

Dramma giocoso en quatre actes

Personnages

Le comte Almaviva, Grand d'Espagne
La comtesse, son épouse
Suzanne, sa femme de chambre
Figaro, valet du comte,
Chérubin, page
Marceline, gouvernante
Bartholo, médecin
Don Basile, maître de musique
Don Curzio, juge
Antonio, jardinier
Barberine, sa fille

Acte I

Dans le château d'Aguas-Frescas, Figaro et Suzanne, domestiques du comte Almaviva, mesurent la chambre qui leur a été attribuée. Ils doivent se marier le jour même. Suzanne trouve que leur logis est bien proche des appartements du comte, lequel, en vertu d'un certain droit féodal, a des vues sur sa servante. Figaro affirme qu'il ne le laissera pas faire.

Marceline, la gouvernante, complote avec le docteur Bartholo : Figaro a eu l'imprudence de lui signer une reconnaissance de dette contre une promesse de mariage en cas d'insolvabilité, et elle entend bien faire respecter son droit. Quant au jeune page, Chérubin, il avoue à Suzanne qu'il est troublé par toutes les femmes, et lui demande d'intercéder auprès de la comtesse pour qu'il ne soit pas chassé du château pour s'être montré trop entreprenant avec Barberine, la fille du jardinier.

Le comte vient faire sa cour à Suzanne. Chérubin se dissimule derrière un fauteuil mais l'entrée du maître de musique, Basile, oblige le comte à s'y cacher à son tour. Chérubin n'a que le temps de se jeter dans le fauteuil, et Suzanne de le recouvrir à l'aide d'une robe de sa maîtresse. Mais le page est vite découvert et le comte, apprenant par Basile le penchant qui attire le jeune garçon vers la comtesse, ordonne son renvoi. Nommé officier, Chérubin doit partir sur-le-champ, sous les railleries de Figaro.

Acte II

La comtesse se plaint d'être délaissée par son mari. Figaro lui propose un stratagème pour éveiller la jalousie du comte. Il a fait remettre à son maître un billet faisant allusion à un rendez-vous galant de la comtesse. Suzanne, quant à elle, fera semblant d'accepter une rencontre secrète avec le comte, mais c'est Chérubin déguisé qui s'y rendra. Les deux femmes s'amusent à travestir le page, mais, alors que Suzanne est partie chercher une robe, le comte entre dans la chambre de sa femme. La comtesse a tout juste le temps de faire entrer Chérubin dans un cabinet qu'elle ferme à clé. Le comte entend du bruit, pose des questions. La comtesse répond que c'est Suzanne qui est à côté, en train d'essayer sa robe de mariée. Le comte décide de forcer la porte et, accompagné de sa femme, va chercher des outils. Suzanne, revenue entre-temps, délivre Chérubin et prend sa place. Lorsque le comte ouvre la porte du cabinet, c'est bien Suzanne qui en sort, au grand étonnement de tout le monde. Malheureusement, le jardinier, Antonio, a vu Chérubin sauter par la fenêtre. Figaro tente de s'accuser à sa place mais en vain. C'est le moment que choisit Marceline pour venir réclamer son dû. Tous ces événements n'ont pour effet que de retarder la cérémonie du mariage de Suzanne et Figaro.

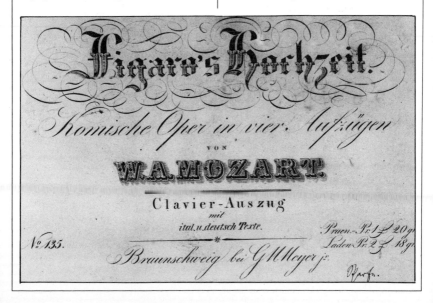

Acte III

Suzanne a feint d'accepter un rendez-vous du comte. Mais ce dernier se méfie. Entre-temps, coup de théâtre, Marceline et Bartholo ont découvert que Figaro n'était autre que leur fils, autrefois enlevé par des brigands. Plus de procès, donc, et un second mariage en perspective puisque Bartholo, ému, veut épouser celle qu'il a aimée.

En compagnie de la comtesse, Suzanne, sans rien dire à Figaro, écrit au comte un billet lui fixant l'heure du rendez-vous. Un groupe de jeunes paysannes vient apporter des fleurs à la comtesse. Parmi elles, Chérubin, déguisé, est vite démasqué. Barberine, la fille d'Antonio, prend sa défense. Le mariage va enfin avoir lieu. Alors que le comte s'apprête à lui remettre sa toque de mariée, Suzanne lui remet son billet. L'épingle qui le cachette lui sera renvoyée en signe d'acceptation. Pour l'instant, c'est le comte qui s'y pique, au grand amusement de Figaro.

Acte IV

La nuit est tombée. Figaro surprend Barberine cherchant l'épingle qu'elle doit remettre à Suzanne de la part du comte. Furieux, il s'en prend au genre féminin, et poste Bartholo, Basile et des serviteurs dans le jardin, afin de faire la preuve de l'infidélité de sa femme. Suzanne, qui a tout entendu, en profite pour aiguillonner sa jalousie. Les quiproquos vont se multiplier avec l'arrivée de Chérubin. Le page prend la comtesse pour Suzanne, le comte aussi, et Figaro croit avoir affaire à la comtesse. Il reconnaît, toutefois, très vite son épouse et, voyant le comte, se jette aux pieds de la fausse comtesse. Le comte appelle ses gens, et crie à la trahison, lorsque la vraie comtesse apparaît et le confond, avant de lui

accorder son pardon. La folle journée est terminée, dans l'allégresse générale.

Création

Hoftheater, Vienne, 1er mai 1786. Nancy Storace (Suzanne), Francesco Benussi (Figaro), Luisa Laschi-Mombelli (la comtesse), Stephano Mandini (le comte), Michael O'Kelly (Basile), Francesco Bussani (Bartholo), Maria Mandini (Marceline), Sardy Bussani (Chérubin), sous la direction du compositeur.

À Paris

Opéra : 20 mars 1793, version française.

Lorenzo Da Ponte, librettiste des Noces de Figaro, *de* Don Giovanni *et de* Cosi fan tutte *raconte les circonstances qui entourèrent la commande puis la création des* Noces.

Je me rendis chez Mozart (...). Je lui demandai s'il lui conviendrait de mettre en musique un opéra composé tout exprès pour lui.

« Ce serait avec infiniment de plaisir, me répondit-il, mais je doute d'en obtenir la permission.

– Je me charge de lever toute difficulté. »

(...) L'immensité de son génie exigeait un sujet de drame vaste, multiforme, sublime. Causant un jour avec lui, il me demanda si je pourrai mettre en opéra la comédie de Beaumarchais intitulée : *les Noces de Figaro*. L'idée me plut assez et je lui promis de m'atteler à la tâche. Mais il fallait surmonter une grosse difficulté.

Peu auparavant, cette pièce avait été interdite au théâtre allemand par ordre de l'empereur sous prétexte qu'elle était trop légère pour un auditoire distingué. Or comment la proposer de

Lorenzo Da Ponte (1749-1838), librettiste de *Cosi fan tutte* et des *Noces de Figaro*.

nouveau ? Le baron Wetzlar m'offrait, avec sa générosité ordinaire, un prix raisonnable de mon poème ; il m'assurait qu'il se chargerait, s'il était refusé à Vienne, de le faire représenter à Londres ou en France. Je n'acceptai point cette offre, et je proposai que paroles et musiques fussent écrites en secret, attendant le moment opportun pour le proposer, soit à l'Intendance, soit à l'empereur lui-même, si j'en avais le courage. Martini seul fut mis dans la confidence, et il fut assez généreux, par déférence pour Mozart, pour me laisser le temps d'achever l'opéra de Figaro avant de m'occuper de lui. Je me mis à l'ouvrage. Au fur et à mesure que j'écrivais les paroles, Mozart composait la musique ; en six semaines tout était terminé. La bonne étoile de Mozart voulut que les partitions manquassent au théâtre. Je saisis l'occasion pour aller voir l'empereur, sans en parler à personne, et lui offrir *les Noces de Figaro*.

« Comment, me dit-il, vous savez que Mozart, remarquable pour la musique instrumentale, n'a jamais écrit pour la scène, une seule fois exceptée, et cette exception ne vaut pas grand-chose.

– Moi-même, répliquai-je timidement, sans la bonté de l'empereur je n'eusse jamais écrit qu'un drame à Vienne.

– C'est vrai ; mais cette pièce de *Figaro*, je l'ai interdite à la troupe allemande.

– Je le sais, mais ayant transformé cette comédie en opéra, j'en ai retranché des scènes entières, j'en ai abrégé d'autres, et je me suis appliqué surtout à faire disparaître tout ce qui pouvait choquer les convenances et le bon goût ; en un mot, j'en ai fait une œuvre digne d'un théâtre que Sa Majesté honore de sa protection. Quant à la musique, autant que je puis en juger, elle me semble un chef-d'œuvre.

– Bien, pour la musique, je m'en remets à votre bon goût, et pour la morale à votre prudence ; remettez la partition aux copistes. »

L'instant d'après j'étais chez Mozart. Je ne lui avais pas encore fait part de cette bonne nouvelle qu'une dépêche lui apportait l'ordre de se rendre au Palais avec sa partition. Il obéit et fit entendre à l'empereur divers morceaux qui l'enchantèrent et, sans exagération, l'étourdirent. Joseph II avait le goût très sûr en musique, et généralement pour tout ce qui se rattachait aux beaux-arts. Le succès prodigieux qu'a eu dans le monde entier cette œuvre merveilleuse est une preuve qu'il ne s'était pas trompé dans son jugement. (...)

Ayant entendu parler du ballet que j'avais intercalé dans mon *Figaro*, Bussani courut en toute hâte chez le comte, et, d'un ton étonné et désapprobateur : « Excellence, lui dit-il, le poète a introduit un ballet dans son opéra. » Le comte me fit mander, immédiatement, me marqua une mine renfrognée, et entama avec moi un dialogue, digne contrepartie de celui que j'avais eu à Venise avec l'Excellence « barnabotique ».

« Monsieur le poète a mis un ballet dans *Figaro*.

– Oui, monseigneur.

– Monsieur le poète ne sait donc pas que Sa Majesté ne tolère point les ballets sur son théâtre ?

– Non, monseigneur.

– Dans ce cas, monsieur le poète, je vous en informe.

– Oui, monseigneur.

– Et je vous signale de plus, monsieur le poète, qu'il vous va falloir le supprimer. »

Son « monsieur » le poète sonnait un peu injurieusement comme un « monsieur le perroquet ». Il faut avouer que mes « oui, monseigneur », « non, monseigneur » n'étaient pas parfaitement respectueux non plus.

« Non, monseigneur.

– Avez-vous apporté votre *libretto* ?

– Oui, monseigneur.

– Quelle est la scène où l'on danse ?

– La voici, monseigneur.

– Voilà ce que j'en fais. »

Il arracha alors deux feuilles de mon manuscrit et les jeta au feu, et me rendant mon libretto : « Vous voyez, monsieur le *poète*, que je suis tout-puissant » ; en même temps il m'honora d'un « Sortez ! »

Je me rendis sur-le-champ chez Mozart, qui, au récit de cette scène, en fut remué au point qu'il voulait aller chez le comte, bâtonner Bussani, en appeler à César, retirer sa partition. J'eus toutes les peines du monde à le calmer (...).

Lorenzo Da Ponte, *Mémoires*, le Livre de poche, Pluriel.

Avec Idoménée *et la* Clémence de Titus, *Mozart transgresse les lois de l'opéra* seria, *tout comme, dans* l'Enlèvement au sérail, *il va bien au-delà de celles de l'opéra* buffa *: ce qu'il veut avant tout, c'est mettre en scène la nature humaine.*

LA CLÉMENCE DE TITUS

Vitellia, fille de l'empereur Vitellius détrôné par Titus, tente de fomenter un complot avec l'aide du patricien Sextus qui est amoureux d'elle. Le jeune homme, qui aime et admire le souverain, hésite mais finit par accepter. Apprenant que l'empereur a décidé de l'épouser et a renoncé à Bérénice et à Servilia, sœur de Sextus, elle tente d'empêcher l'attentat, mais en vain. Sextus, en fait, n'a frappé qu'un conjuré. Arrêté, il avoue son crime sans compromettre Vitellia. Celle-ci, bouleversée, se dénonce à Titus. Malgré sa douleur, l'empereur accorde à tous sa grâce.

Représentation de *le Clémence de Titus*, le 10 juillet 1988, au festival d'Aix-en-Provence.

Représentation de *l'Enlèvement au sérail*, le 20 janvier 1984. Mise en scène de G. Strehler.

IDOMÉNÉE

Le roi Idoménée, de retour dans son pays après une longue absence, et pris dans une tempête, a fait vœu de sacrifier à Neptune le premier être humain qu'il rencontrera. Il s'agit, hélas ! de son fils Idamante. Ce dernier, amoureux de la princesse troyenne Ilia, est aimé d'Electre, fille d'Agamemnon. Idoménée veut éloigner son fils pour le protéger, mais un monstre marin vient menacer les Crétois. Idamante tue cet envoyé de Neptune. Idoménée, toutefois, doit tenir sa promesse. Mais, au moment du sacrifice, une voix divine se fait entendre : Idoménée doit abdiquer en faveur de son fils, lequel épousera Ilia, à la grande fureur d'Electre. Dans l'allégresse générale, Idoménée célèbre le retour de la paix.

L'ENLÈVEMENT AU SÉRAIL

Constance, fiancée de Belmonte, a été capturée par des pirates ainsi que sa suivante, Blonde, et le fiancé de celle-ci, Pédrillo, valet de Belmonte. Ils ont été livrés au pacha Selim qui les retient en son palais. Avec l'aide de Pédrillo, Belmonte réussit à tromper la vigilance d'Osmin, le gardien du sérail, et à délivrer les prisonniers. Ils sont surpris dans leur fuite, mais le pacha, ennemi du père de Belmonte qui l'a autrefois persécuté, se montre magnanime et pardonne.

Mozart ou Don Giovanni

Don Giovanni *c'est LE chef-d'œuvre. Car de tous les opéras composés par Amadeus, c'est celui qui, par son ambiguïté fondamentale, donne l'image la plus complexe et la plus riche des interrogations auxquelles l'homme ne peut échapper. D'un coup de génie, par la puissance de sa musique, Mozart a fait d'un héros de théâtre un mythe.*

L e baryton français Victor Maurel : le créateur de Iago et de Falstaff, mais aussi un mozartien réputé.

DON GIOVANNI

Dramma giocoso en deux actes

Acte I

Devant la maison du Commandeur, Leporello attend son maître, don Giovanni, en maugréant contre son sort. Donna Anna, la fille du Commandeur, poursuit don Giovanni, qui a tenté de la séduire. Elle voudrait le démasquer. Son père provoque le séducteur, mais il tombe frappé à mort. Donna Anna, partie chercher du secours, revient accompagnée de son fiancé, don Ottavio. Devant le cadavre de son père, elle crie vengeance.

Toujours à la poursuite de nouvelles femmes, don Giovanni se trouve face à face avec donna Elvira, qu'il a délaissée. Il s'enfuit, et Leporello désespère la malheureuse en lui dressant la liste des conquêtes de son maître.

Au cours d'une noce villageoise, don Giovanni éloigne le promis, Masetto, et convoite la jeune épousée, Zerlina. Elvira s'interpose. Peu après, surviennent donna Anna et don Ottavio, toujours à la recherche du meurtrier du Commandeur. Don Giovanni se propose de les aider, mais Elvira les met en garde. Donna Anna a reconnu la voix du meurtrier, et de nouveau exhorte don Ottavio à la vengeance.

Don Giovanni donne une fête dans son palais. Il y a convié Zerlina, qui a réussi à calmer la colère de son mari. Trois inconnus masqués se présentent. Guidés par Leporello, ils se mêlent aux invités. Ce sont en fait Anna, Elvira et Ottavio, désireux de se faire rendre justice. À la grande fureur de Masetto, don Giovanni n'a pas renoncé à séduire Zerlina. Mais Masetto et les trois masques ne sont pas dupes. Zerlina se débat, don Giovanni essaie en vain de

faire passer Leporello pour le coupable.
Il réussit néanmoins à s'enfuir.

Acte II

Dans le but de séduire la camériste de
donna Elvira, don Giovanni a échangé
ses vêtements avec Leporello. Elvira
paraît à son balcon. Don Giovanni feint
de lui faire la cour et s'éclipse, la laissant
avec Leporello. Masetto et ses amis
recherchent le séducteur. Toujours
déguisé, il les envoie vers une fausse
piste, et bâtonne Masetto, que Zerlina
vient consoler. Menacé par Ottavio et
Anna, Leporello avoue le subterfuge.
Ottavio s'en va quérir la justice, tandis
que donna Elvira s'inquiète pour don
Giovanni, qu'elle n'a pas cessé d'aimer.

Don Giovanni et Leporello, qui ont
échappé à leurs poursuivants, se
retrouvent au cimetière, près de la
statue du Commandeur. Une voix
sépulcrale menace le libertin, qui, par
défi, invite la statue à sa table. Anna a
encore retardé son mariage avec
Ottavio. Pendant le dîner de don
Giovanni, Elvira implore son amant de
revenir dans le droit chemin. En vain.
La statue du Commandeur survient
alors et invite don Giovanni à la suivre.
Ce dernier accepte, tend la main. Une
dernière fois, la statue lui enjoint de se
repentir, et devant son refus, l'entraîne
dans les profondeurs infernales.
Anna, Elvira, Zerlina, Masetto, Ottavio,
Leporello tirent la morale de l'histoire.

Gabriel Bacquier, le seul don Giovanni
français à avoir chanté aussi Leporello.

Création

Prague, Théâtre national, 29 octobre
1987.
Felice Ponziani *(Leporello)*, Luigi Bassi
(don Giovanni), Giuseppe Lolli *(le
Commandeur, Masetto)*, Antonio
Baglioni *(Ottavio)*, Teresa Saporiti
(donna Anna), Catarina Micelli *(donna
Elvira)*, Teresa Bondini *(Zerlina)*, sous
la direction du compositeur.

À Paris

Opéra de Paris, salle Montansier,
17 septembre 1805 (version arrangée
par Kalkbrenner).
Théâtre-Italien, 12 octobre 1811.
Opéra de Paris, salle Le Peletier,
10 mars 1834 (version française).

Personnages

Don Giovanni   (baryton basse)
Donna Anna   (soprano)
Don Ottavio, son fiancé   (ténor)
le Commandeur, père de donna Anna   (basse)
Donna Elvira   (soprano)
Leporello, valet de don Giovanni   (basse)
Zerlina, paysanne   (soprano)
Masetto, son mari   (basse)
L'action se déroule dans une ville espagnole

Le personnage de don Juan a fasciné les romantiques. Dans les flammes du punch, les rêveries d'Hoffmann, exaltées par la musique, prennent le visage de la femme aimée.

Zerlina est sauvée ! Et dans le bruit de tempête du finale, don Juan s'avance bravement, l'épée nue à la main, au-devant de ses ennemis. Il fait sauter des mains d'Ottavio sa frêle épée de parade et se fraye un passage à travers la vile canaille qu'il culbute comme le preux Roland triomphant de l'armée du tyran Cimosco, de sorte que tous tombent pêle-mêle, de la manière la plus divertissante.

J'avais déjà cru sentir plusieurs fois, derrière moi, une haleine douce et chaude, et distinguer le frôlement d'une robe de soie. Cela me fit bien soupçonner la présence d'une femme ; mais absorbé par la vision poétique que le drame faisait surgir, je n'y arrêtai pas mon attention. Quand à la fin de l'acte, on eut baissé le rideau, je me détournai pour voir ma voisine... Non !... Aucun mot ne saurait exprimer ma surprise : donna Anna, revêtue du même costume sous lequel elle venait de paraître en scène, était auprès de moi, et, de son œil expressif, fixait sur moi un regard pénétrant. Je restai muet d'étonnement. Sa bouche, à ce qu'il me sembla, se contracta alors en un sourire doucement ironique, où je vis se réfléchir en quelque sorte ma sotte figure. Je sentais la nécessité de lui adresser la parole, et cependant je ne pouvais remuer ma langue glacée par la stupéfaction, je dirais presque par la terreur. Enfin, ces mots sortirent comme involontairement de ma bouche : « Comment se fait-il que vous soyez ici ? » À quoi elle répliqua aussitôt, dans le plus pur toscan, que si je ne parlais ni ne comprenais l'italien

elle se verrait privée du plaisir de mon entretien, attendu qu'elle ne savait pas d'autre langue. Ces douces paroles résonnèrent à mon oreille comme un chant mélodieux. Tandis qu'elle parlait, la vive expression de son regard s'exaltait encore, et chaque éclair qui jaillissait de ses yeux d'un bleu foncé m'enflammait d'une telle ardeur que le sang bouillonnait dans mes artères, et que je sentais toutes mes fibres tressaillir.

C'était donna Anna, à n'en pas douter. Il ne me vint pas à l'esprit de m'interroger sur sa présence simultanée en scène et dans la loge. Mais parfois, lorsqu'un rêve heureux rassemble les choses les plus disparates, il arrive que nous ajoutions foi au surnaturel et que nous trouvions toute simple sa liaison avec les phénomènes dits naturels. C'est ainsi que, dans le voisinage de cette femme merveilleuse, je tombai dans une espèce de somnambulisme, grâce auquel je découvris les rapports secrets qui m'unissaient à elle si étroitement que même son apparition sur la scène n'avait pu la séparer de moi. (...)

Tandis qu'elle parlait de *Don Juan* et de son propre personnage, il me semblait que la profondeur de ce chef-d'œuvre se dévoilait à moi pour la première fois, et que je discernais les perspectives nouvelles d'un monde fantastique. Elle me dit que toute sa vie était musique, et que souvent elle croyait saisir par son chant même les plus profonds secrets du cœur, ceux que ne peut exprimer aucun langage. « Oui, poursuivit-elle, l'œil étincelant et en élevant la voix, je comprends fugitivement ces secrets, mais tout ce qui m'entoure reste froid et mort, le charme se brise ; et tandis qu'on applaudit une roulade compliquée, une fioriture difficile, des mains de glace me

La scène finale la plus formidable de toute l'histoire de l'opéra : la statue du Commandeur vient souper avec don Giovanni.

serrent le cœur !... Mais toi... toi, tu me comprends : car je sais que tu as aussi pénétré dans ces régions romantiques, que peuple la céleste magie des sons. (...)

La clochette du théâtre se fit entendre. Une pâleur subite décolora le visage non fardé de donna Anna. Elle porta la main à son cœur, comme si elle ressentait une douleur aiguë, et elle se leva pour sortir, en disant à voix basse : « Malheureuse Anna ! voici pour toi le moment le plus terrible... » (...)

Je parviens enfin à maîtriser mes idées, et je me sens à même, mon cher Théodore, de te faire entendre comment je crois avoir saisi, pour la première fois, à cet instant-là, la véritable signification de cet admirable chef-d'œuvre. (...)

Si l'on considère le livret pour lui-même, sans y chercher aucun sens allégorique et en n'ayant égard qu'à la trame, on conçoit mal que Mozart ait pu composer une pareille musique sur une si pauvre donnée. Un bon vivant, adonné avec excès au vin et aux filles, qui, par caprice, invite à un joyeux souper la statue de pierre d'un vieillard qu'il a tué en défendant sa propre vie : en vérité, il n'y a pas là beaucoup de poésie, et, je l'avoue franchement, un tel homme n'est guère digne que les puissances souterraines le tiennent pour une pièce rare du musée infernal. (...)

Va, crois-moi, Théodore ! Don Juan fut traité par la nature comme son enfant préféré ; elle l'avait doué de tout ce qui rapproche l'homme de la divinité, l'élevant au-dessus du commun et le distinguant des ouvrages de pacotille qui, à leur sortie de l'atelier, sont de simples zéros, sans valeur s'ils ne sont pas précédés d'un chiffre. Don Juan se trouva donc prédestiné à vaincre et à dominer. Un corps vigoureux, dont la beauté prouvait à tous les regards que brûlait en lui la flamme du divin ; une sensibilité profonde, une intelligence rapide... Mais ce qui rend affreuse la condition de l'homme déchu, c'est que le Malin a gardé le pouvoir de l'épier et de lui tendre des embûches jusque dans cet effort pour embrasser l'infini, où se manifeste son origine divine. Ce conflit entre les puissances d'en haut et les pouvoirs du démon est l'essence même de la vie terrestre ; alors que la victoire remportée constitue la vie surnaturelle. Don Juan voulait tout posséder de la vie, parce que sa nature physique et sa puissance intellectuelle l'y portaient, et le feu du désir était toujours allumé dans ses veines. Sans cesse, il jetait des mains avides sur toutes les formes du monde sensible, cherchant vainement en elles sa satisfaction. (...)

Sans cesse courant d'une belle femme à une autre plus belle ; jouissant de chacune d'elles avec une folle passion, jusqu'à satiété, jusqu'à l'ivresse destructrice ; toujours croyant s'être trompé dans son choix, et espérant toujours découvrir quelque part la satisfaction définitive, comment don Juan n'eût-il pas à la fin trouvé la vie terrestre plate et insipide ? Parvenu au souverain mépris de toute l'humanité, il se révolta plus violemment encore contre la créature en laquelle il avait vu le bien suprême et qui l'avait amèrement déçu.

Dès lors don Juan ne chercha plus dans la possession de la femme l'assouvissement de sa sensualité, mais un défi ironique lancé à la nature et au Créateur.(...) Il a le sentiment de s'élever ainsi au-dessus de son étroite condition terrestre, au-dessus de la nature et de Dieu lui-même ! Et, vraiment, il n'aspire plus qu'à s'évader de cette vie, mais c'est pour se précipiter en enfer. Deux heures sonnent !... Je sens glisser sur moi une tiède haleine électrique, je respire l'odeur subtile du parfum italien qui me révéla hier la présence de ma

À Salzbourg, en 1954, sous la baguette de Wilhelm Furtwängler, Cesare Siepi incarnait don Giovanni.

voisine ; j'éprouve une sensation de bonheur qui me semble ne pouvoir s'épancher que dans l'harmonie du chant. Un courant d'air plus vif parcourt la salle, les cordes du piano ont frémi à l'orchestre... Ciel ! je crois distinguer à une immense distance la voix d'Anna portée sur l'aile d'accords prolongés, venus d'un orchestre aérien : *Non mi dir bell' idol mio !...*

Ouvre-toi, monde inconnu et lointain des esprits, Djinnistan, région de féerie, où l'âme ravie trouve à la fois dans une douleur céleste, et dans la plus ineffable joie, la parfaite réalisation de toutes les promesses reçues ici-bas ! Laisse-moi pénétrer dans le cercle magique de tes délicieuses merveilles ! Que le rêve qui sert de messager entre toi et l'homme, tour à tour présage de terreur et de consolation, vienne, tandis que le sommeil enchaîne mon corps sous ses liens de plomb, délivrer mon esprit et le transporter dans les champs éthérés !

Hoffmann,
Fantaisies à la marnière de Callot.

À ses côtés, Elisabeth Schwarzkopf, l'Elvira de toute une génération.

Si Gounod reconnaît en Mozart son maître, la pertinence de Paul Dukas lui permet d'aller plus loin et de faire de la critique musicale un art.

AVERTISSEMENT

La partition de *Don Juan* a exercé sur toute ma vie l'influence d'une révélation : elle a été, elle est restée pour moi une sorte d'incarnation de l'impeccabilité dramatique et musicale : je la tiens pour une œuvre sans tache, d'une perfection sans intermittence et ce commentaire n'est que l'humble témoignage de ma vénération et de ma reconnaissance pour le génie à qui je dois les joies les plus pures et les plus immuables de ma vie de musicien. Il y a, dans l'histoire, certains hommes qui semblent destinés à marquer dans leur sphère le point au-delà duquel on ne peut plus s'élever : tel Phidias dans l'art de la sculpture, Molière dans celui de la comédie ; Mozart est un de ces hommes ; *Don Juan* est un sommet.

Charles Gounod,
Le Don Juan *de Mozart,*

Une des particularités du style musical de *Don Juan*, et peut-être la plus remarquable, c'est l'étonnante sobriété de touche avec laquelle Mozart obtient des effets intenses. Il maintient d'un bout à l'autre de son œuvre un courant caché d'expression vive dont il laisse la force s'accroître au long du drame par les progrès de l'action et qu'il fait jaillir en un grondement torrentiel quand le dénouement lui donne issue. La catastrophe qui termine *Don Juan* n'est, musicalement, que la résultante des situations tragiques qui la préparent Dans les épisodes les plus mouvementés, les plus brillants de la partition, on sent sourdre la menace de cette terrible explosion finale. (...)
Il est curieux de constater que Mme de Staël qui a porté sur Mozart un jugement singulier en lui trouvant plus d'ingéniosité que de génie, s'était cependant rendu compte de cette dualité de l'expression musicale de *Don Juan*. Elle écrivait dans son livre de *l'Allemagne* : « De tous les musiciens peut-être, celui qui a montré le plus d'esprit dans le talent de marier la musique avec les paroles, c'est Mozart. Il fait sentir dans ses opéras, et surtout dans *le Festin de pierre*, toutes les gradations des scènes dramatiques ; le chant est plein de gaîté, tandis que l'accompagnement bizarre et fort semble indiquer le sujet fantasque et sombre de la pièce. » Il est vrai qu'elle ajoute aussitôt en matière de correctif à cet excellent aperçu : « Cette spirituelle alliance du musicien avec le poète donne aussi un genre de plaisir, mais un plaisir qui naît de la réflexion, et celui-là n'appartient pas à la sphère merveilleuse des arts. » C'est à peu près ce que beaucoup de gens devaient dire plus tard de Wagner.

Paul Dukas,

L'art de jouer Mozart

Un pianiste légendaire et deux des plus célèbres cantatrices de l'après-guerre tentent à leur façon de percer le secret d'Amadeus. Deux artistes français de la jeune génération confirment que l'art d'interpréter Mozart est une quête perpétuelle.

Arthur Rubinstein : un géant du clavier.

Les larmes de Rubinstein

Arthur Rubinstein incarne un peu la mémoire musicale d'un siècle dont il a tout connu. Il a défendu Stravinski qui était alors la musique de demain. Mais son amour est Mozart. Il se souvient qu'à ses débuts (c'était avant 1900 !) Mozart était la musique du passé.

« À 14 ans, à Dresde, j'ai entendu la *Messe en ut mineur*, j'ai pleuré comme l'enfant que j'étais. À Berlin, à 17 ans, j'ai joué le *Concerto en la majeur*, mais c'est parce que j'étais un adolescent. Partout le public attendait des choses plus brillantes, de la virtuosité. Schnabel a eu un très bon mot : Mozart est trop facile pour les enfants, trop difficile pour les adultes. Sa simplicité, son naturel, son miraculeux legato font que n'importe quoi peut rompre le charme, tout déranger. Heureusement, devenu un vieil homme, j'ai pu lui dire mon amour, et enregistrer quelques concertos avec ce merveilleux chef mozartien, Josef Krips. Et aujourd'hui, la *Symphonie concertante* me fait pleurer. Les Allemands jouaient Mozart, mais lui mettaient une perruque. Dans les pays latins, on le dédaignait. Les Italiens disaient avec une moue : il est ennuyeux. En Espagne, on l'ignorait. En France seulement, on lui vouait un culte véritable. Nous le jouions entre amis, des nuits entières, avec Thibaud, Casals, c'était notre récompense. Le public a vraiment de la chance aujourd'hui. Je viens de revoir à la télévision le film des *Noces de Figaro*, j'ai passé une soirée bénie avec Fischer-Dieskau et ce merveilleux Chérubin, Maria Ewing. Mozart est à tout le monde maintenant. »

Propos recueillis par André Tubeuf, *Le Point*, n° 527, 25 octobre 1982.

Irmgard Seefried : ses deux plus beaux rôles mozartiens, Suzanne et Pamina.

Une discipline pour Schwarzkopf

Quand on pense à une chanteuse mozartienne, le nom d'Elisabeth Schwarzkopf vient en premier. Elle nous explique ce que Mozart à la fois demande à un chanteur et lui apporte.

« Même une voix naturellement frêle comme la mienne est obligée par Mozart à une tenue, une noblesse. Elle va au public, mais elle va aussi au-delà d'elle-même ! C'était le conseil même de Maria Ivogün, mon professeur : "Sois noble, mon enfant !" Je chantais alors un air de concert de Mozart, avec violon obligé. Cette sonorité magique, ce legato rayonnant du violon, la voix est d'emblée obligée de l'imiter. Dans tous ses opéras, Mozart a écrit de merveilleuses interventions des bois. Le chanteur doit tendre l'oreille à chacun, et mettre dans son chant la palette de nuances que Mozart a mise dans l'orchestre. (...) C'est pourquoi on ne

devrait chanter Mozart que dans le meilleur environnement instrumental possible, et avec un "ensemble" de chanteurs. On y apprend à la fois à s'exprimer et à s'effacer. Avec chaque partenaire différent, il faut trouver autre chose, adapter, nuancer. C'est pourquoi le trémolo dans la voix tue Mozart. Il empêche le son de s'harmoniser aux sonorités de la symphonie. Il n'y a pas de plus profond plaisir physique pour un chanteur que de devoir s'adapter ainsi au timbre des autres. Et quand c'est Mozart qui le demande, il n'y a pas de plus grande joie musicale que d'avoir à le faire. C'est une grâce. Mais aussi une discipline, une discipline, une discipline ! »

Propos recueillis par André Tubeuf, *Le Point,* n° 527, 25 octobre 1982.

Chanter Mozart

« Lorsque j'étudiais le chant je ne savais pas que Mozart allait jouer un grand rôle dans ma carrière. Ce n'est qu'à Vienne que j'en ai été consciente. En 1943, j'ai chanté au Staatsoper Susanna et le Compositeur dans *Ariane à Naxos* sous la direction de Karl Böhm. Deux rôles et deux compositeurs importants dans ma carrière. Plus tard je compris l'importance de Mozart pour chanter Strauss. Susanna est un rôle long et difficile. Toujours en scène, elle mène le show, si je puis dire. C'est sur ses épaules que repose la pièce. Il faut donc être bonne actrice et posséder une technique hors pair. Deux qualités fondamentales pour qui veut chanter Mozart.

Le naturel

» Le chanteur doit être capable non

seulement de chanter naturellement mais aussi de se déplacer sur la scène, de bouger naturellement. Le corps et la voix doivent être naturels et ne faire qu'un. En l'occurrence, le naturel n'est et ne peut être que le fruit d'un long travail. Rien n'est donné avec Mozart. Il n'existe pas de voix mozartienne en soi, on ne naît pas chanteur mozartien, on le devient au prix de nombreux efforts et sacrifices. le chanteur est donc un acteur capable de toutes les métamorphoses, prêt et disponible. Corps et voix. La voix dans le corps, le corps dans la voix. Cela est fondamental notamment pour les récitatifs, si difficiles à maîtriser. On chante en parlant, on parle en chantant (*man singt sprechend, man spricht singend*). Le caractère dramatique se situe en grande partie dans les récitatifs. Il ne doit pas y avoir de rupture brutale entre le récitatif et l'aria. Tout s'enchaîne. Il faut passer de l'un à l'autre avec legatissimo ou staccato, encore une fois, avec le plus grand naturel. C'est une ligne droite ou courbe, jamais brisée, toujours continue. J'ai beaucoup appris en la matière des Italiens. Quand nous étions à la Scala avec Karajan ce ne fut pas toujours drôle au début ! La distribution était composée de chanteurs italiens et allemands/ autrichiens. Le mélange était fou, explosif même. Il y avait une rivalité. Karajan nous avait dit : "Je vous avertis, nous n'aurons aucun succès". La Scala avait alors une manière particulière de chanter Mozart. Enfin tout s'est bien passé ! Et nos efforts ont été couronnés de succès. J'ai vraiment beaucoup appris des Italiens en ce qui concerne l'art du récitatif, ce parlando staccatissimo terriblement difficile pour les larynx cisalpins.

L'ensemble

» Chanter Mozart c'est d'abord aimer travailler ensemble, avec une équipe de chanteurs et de musiciens. Un véritable *training* ! Nous répétions chaque jour ensemble. De nos jours, cet entraînement n'existe plus. Les artistes sont toujours entre deux avions et les répétitions se font avec les doublures ! Les jeunes chanteurs veulent être d'abord des vedettes et chanter Mozart en passant !... C'est un mauvais calcul. C'était là le miracle de l'équipe viennoise. Les chefs, entre autres Böhm et Krips, et les chanteurs formaient un ensemble uni, homogène, soudé. Ils répétaient, travaillaient, pensaient et faisaient de la musique ENSEMBLE. Voilà une évidence qu'il est bon de rappeler. Il en a résulté un mélange extraordinaire et harmonieux. Les représentations de Böhm et de Krips étaient pures, claires, parfaites. Ils ne supportaient pas le moindre dérapage ou savonnage. Cela ne devait jamais être approximatif mais toujours parfait. D'où l'entraînement intensif. Le miracle viennois, c'est le résultat du travail d'une équipe de professionnels. Les voix italiennes s'entraînent au volume. C'est une autre sorte de *training*, catastrophique pour Mozart. Après une représentaiton du *Chevalier à la rose* on a demandé à un grand ténor italien ce qu'il en pensait. La réponse fut "poco voce, poco voce" ! Mozart a traité la voix différemment. Il n'aimait guère les hurlements et débraillements vocaux. Au contraire, il faut chanter Mozart avec tenue, grâce et retenue, avec humilité et simplicité. Et s'entraîner avec discipline comme à la Spanische Reitschule. Toujours et encore. Ensemble.

» Chanter ensemble ne signifie pas

perdre sa personnalité. Non. C'est apporter sa personnalité en complément. Les voix sont interchangeables chez Mozart. L'important est de trouver les couleurs et les intonations justes en fonction de ses partenaires. Le médium est primordial pour les passages et la voix de poitrine dangereuse. La lourdeur est le pire ennemi. La voix doit rester flexible et malléable, légère. *Up and down, up and down, ad libitum.* Avec une grosse voix vous pouvez chanter Wagner, bien ou mal. Pour Mozart le volume ne suffit pas. Il faut contrôler entièrement l'instrument, savoir chanter pianissimo quand il le faut, c'est-à-dire travailler sa technique, tous les jours. Les gammes, la respiration, les vocalises, les passages, etc.

L'école

» L'école mozartienne est une école difficile mais la meilleure. Armé de cette technique qui est en fait beaucoup plus qu'une simple technique, une conception autre du chant, vous pouvez aborder tous les compositeurs, y compris les compositeurs contemporains. À condition bien sûr que cela reste dans vos possibilités vocales. Je pense notamment aux compositeurs de l'école de Vienne. Ce qui prime chez Mozart c'est l'intelligence du beau chant et non du beau son. Une suite de beaux sons c'est l'ennui mortel assuré. Mozart, pour résumer, c'est léger et profond (*Tiefleichtigkeit*), concret et impalpable

» Je suis chanteuse mozartienne parce que j'ai aimé chanter Mozart, compositeur avec lequel j'ai eu un rapport privilégié. Pamina reste probablement mon rôle préféré mais tous les autres rôles m'ont procuré une joie immense et intense. Je me

souviens d'une représentation de *Don Giovanni* à Salzbourg, inoubliable. Ljuba Welitsch fut une Anna indescriptible. Grandioso ! Et Schwarzkopf une Elvire sublime. Mais aussi toute l'équipe, Dermota, Kunz, etc. Chaque chef dirigeait différemment. À chaque fois une vision différente. Le "style mozartien" de Böhm n'est pas le style de Krips, lequel est encore différent de celui de Karajan etc... Furtwängler adorait Mozart mais ce n'était pas vraiment sa *cup of tea*. Il a beaucoup lutté et travaillé. Je garde en souvenir de très belles représentations dirigées par lui. Krips aimait la sonorité de l'ensemble. Ses finales sont grandioses. Böhm était l'homme de la précision et de la pureté.

» Toutes et tous avons travaillé au service de Mozart. Et ce n'est qu'après un long travail, après de nombreuses épreuves, qu'ensemble, nous éprouvions une immense joie, celle d'avoir rencontré le génie en la personne de Mozart. Il n'y avait pas de stars. L'ensemble était une star. ».

Irmgard Seefried,
Propos recueillis par Christian Schirm
« Introuvables du chant mozartien »,
l'Avant-scène Opéra, octobre 1985.

Un « naturel » à perdre et à retrouver

« J'ai découvert Mozart par les opéras. J'ai aimé les opéras. J'ai aimé jouer Mozart. Le rapport affectif que l'on a avec une musique, un musicien, joue un rôle très important dans l'interprétation. Avec Mozart, je me sens de plain-pied. C'est le musicien de l'évidence, du jaillissement, et c'est probablement ce qui en fait le musicien le plus difficile à interpréter. Non sur le plan technique : techniquement, Mozart n'est pas lourd, pas compliqué. Mais sur le plan musical, il est ce qu'il y a de plus sensible, de plus délicat, de plus fragile à manier.

» C'est ce "naturel" dans la musique de Mozart qui en constitue à la fois l'essence la plus précieuse et la plus grande difficulté. Quand on déchiffre une partition de Mozart, pour peu que l'on déchiffre correctement, on trouve tout, "naturellement". C'est écrit, c'est simple. Cela vient sous les doigts : le rythme, le phrasé, l'esprit du texte. Ensuite, on se met à travailler, à préciser les choses. Et tout est déconstruit. Il faut des mois pour retrouver ce "naturel", ce jaillissement qui semblait si évident. Le travail doit en quelque sorte venir étayer le naturel. C'est un peu le travail du comédien. Du reste, Mozart me fait souvent penser à Marivaux : pas d'afféterie, pas de maniérisme, cela coule naturellement. Et ce phénomène-là est fondamental chez Mozart. C'est génial et diabolique. Le danger avec lui, c'est précisément d'en faire une musique sociale, superficielle. La profondeur de Mozart se mérite, mais elle demande l'attention la plus grande.

» Au piano, le toucher mozartien est tout à fait spécifique. C'est un mélange

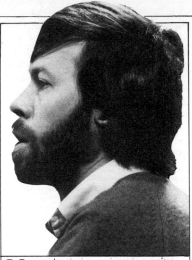

Un superbe pianiste, mais aussi un maître dans l'art subtil de l'accompagnement.

de fragilité et de force, de suspens en quelque sorte. Il n'y a pas de grands effets, il n'y a pas besoin de beaucoup de pédale. Il faut de la limpidité, de la clarté, une bonne diction. Ce sont des qualités qui ne sont pas nécessaires par exemple pour jouer Beethoven, Brahms ou Liszt.

» Pour moi, la voie royale pour aborder Mozart, c'est le chant. Le chant est ce qui m'a le plus aidé dans le travail. Pour obtenir le phrasé naturel essentiel chez Mozart, il faut tout le temps penser au chant. La technique vocale est ce qu'il y a de plus proche. Elle l'est dans sa fragilité même. C'est cette fragilité-là, ce "risque" de sa voix qui rend le chanteur si émouvant. La voix peut se rompre à tout moment, à tout moment elle risque d'atteindre au sublime. Mozart, c'est la même chose. Pour le jouer, je crois qu'il faut sentir cela. »

Christian Ivaldi,
propos recueillis par Paule du Bouchet.

Un jeu de caméléon

« Mon approche de Mozart essaie d'être toujours consciente de ce qu'il y a de baroque et de classique dans la forme, et de théâtralement proche de l'opéra dans l'esprit. Dans son œuvre concertante ou dans les *Sonates pour violon et piano*, il est essentiel de pouvoir jouer plusieurs rôles, de changer de peau, d'habit, de psychologie, en une fraction de seconde mais toujours dans le cadre exigeant de la forme classico-baroque.

» Une chose est difficilement perceptible dans sa musique, l'approche spirituelle. Comme s'il avait voulu mettre l'accent avant tout sur la comédie humaine, à l'exception de quelques œuvres, les pièces maçonniques ou le *Requiem*. Mozart s'est toujours servi des hommes pour dire ce qu'il avait à dire, c'est toujours un homme qui parle à chaque individu ou à une société d'hommes bien définie. C'est ce que l'on ressent lorsqu'on l'interprète, alors que lorsqu'on joue Beethoven on sent un homme qui parle à l'humanité.

» Il y a des approches naturelles de Mozart, des approches naïves, des gens qui comprennent instinctivement toute cette comédie humaine. Viennent ensuite tous les moyens dont on dispose pour mieux la traduire, tous les acquis culturels. Ce qui est difficile, c'est d'arriver à changer de peau, de psychologie, tout en gardant toujours présente à l'esprit l'exigence de l'époque, la rigueur du cadre. »

Augustin Dumay,
propos recueillis par Michel Parouty.

L'un des plus talentueux parmi les violonistes français commence l'enregistrement des concertos de Mozart.

Mozart, héros de fiction

Au XIXᵉ siècle, la brève vie du génial Wolfgang inspire plus d'un écrivain : récits à la fois légers et tragiques, drames en vers et même contes en forme de poèmes épiques. Ici, témoin de la maîtrise du grand auteur russe Pouchkine, la pièce Mozart et Salieri *met en scène un Mozart généreux et léger, inconscient de la valeur de son propre génie.*

Dans Mozart et Salieri, *projet dramatique écrit en 1830, Alexandre Pouchkine utilise la légende selon laquelle Mozart aurait été empoisonné par Salieri, malade de jalousie. Mozart, insouciant génie, offense vivante pour le laborieux musicien...*

Scène i

Une pièce chez Salieri

SALIERI

On dit sur terre – il n'est point de justice,
Mais il n'est pas de justice – plus haut.
C'est évident pour moi comme une gamme,
Venu au monde adorateur fidèle
De l'art, je me souviens que dès l'enfance,
Quand dans la vieille église jouait l'orgue,
Je l'écoutais émerveillé, des larmes
Involontaires, douces me venaient.
Très tôt, j'abandonnais les vanités
Du monde, et même toutes les études
Hors la musique m'étaient étrangères,
Têtu et orgueilleux j'y renonçai,
Me destinant à la seule Harmonie.
Le premier pas fut dur, la route aride.
Je triomphai des premiers contretemps.
Puis du métier forgeant un piédestal
A l'art, je travaillai en artisan :
Obéissant à une oreille sûre,
Mes doigts acquirent une sèche aisance (...)
Je suis jaloux. Avec quelle souffrance
J'envie et quelle profondeur – Ô Ciel.
Y a-t-il justice, lorsque le divin
Et immortel génie n'est pas donné
En récompense d'un amour fidèle,
D'un dur labeur, de ferventes prières
Mais vient illuminer la tête folle
D'un libertin oisif ? Mozart, Mozart.

(Entre Mozart.)

MOZART

Ah, tu m'as vu et moi qui espérais
Te ménager un effet de surprise.

SALIERI

Quoi, tu es là ? Depuis longtemps ?...

MOZART

À peine.

Je viens d'entrer, je pensais te montrer
Un petit rien, mais devant une auberge
J'ai entendu un violon, mon cher,
Jamais je n'ai tant ri, assurément.
Figure-toi un violoniste aveugle

Et qui jouait là-bas *"voi che sapete"*,
Je n'y tins pas, je te l'ai amené
Te faire un peu goûter de sa musique.
Entre, vieillard !
> *(Le vieil aveugle entre avec son cadeau.)*
Là, joue-nous du Mozart.
> *(L'aveugle joue un air de* Don Juan.
> *Mozart rit aux éclats.)*

SALIERI

Et tu peux rire ainsi ?

MOZART

Oh, Salieri
Comment peux-tu ne pas en rire ?

SALIERI

Non
Je ne puis rire lorsqu'un barbouilleur
Vient devant moi salir une madone
De Raphaël, ou qu'un bouffon indigne
Insulte en parodiant Dante Alighieri.
Va-t'en, vieillard.

MOZART

Attends, attends un peu
Tiens, bois à ma santé.

> *(Le vieillard sort.)*
Ami Salieri,
Tu n'as pas l'air de bonne humeur, veux-tu,
Je reviendrai plus tard une autre fois.

SALIERI

Que m'apportais-tu là ?

MOZART

Oh, pas grand'chose
Mon insomnie me tracassait la nuit,
Il m'est venu ainsi quelques idées
Et j'ai pu les noter en me levant.
J'aurais aimé avoir ton opinion
Mais je te vois soucieux, je te dérange ?

SALIERI

Allons, Mozart, Mozart, et tu peux croire
Vraiment qu'un jour tu peux me déranger !
Assieds-toi là, je t'écoute.

MOZART *(au piano)*
Imagine
Un homme – mettons moi... un peu plus jeune
... et amoureux, pas trop, mais gentiment,
Avec ma belle, ou un ami – tiens, toi...
Je suis joyeux... soudain vision funèbre,
Ténèbres, nuit, enfin tu vois un peu...
Alors écoute.

(Il joue.)

SALIERI
En m'apportant cela
Tu as pu t'arrêter près d'une auberge,
Pour écouter ce violoniste... Ciel !
Mozart, tu est indigne du génie.

MOZART
Alors tu aimes ?

SALIERI
Comme c'est profond,
Audacieux et élégant de ligne.
Tu es un Dieu, Mozart, et tu l'ignores.
Mais moi, je sais, je sais.

MOZART
Bah, il se peut,
Mais ma divinité est affamée.

SALIERI
Dis moi, veux-tu, soupons ce soir ensemble,
Je t'invite à l'auberge du Lion d'Or.

MOZART
Ça volontiers, mais il faut que je passe
À la maison pour avertir ma femme,
Qu'elle n'attende pas pour le dîner.
À tout à l'heure !   *(Il sort.)*

Alexandre Pouchkine,
Mozart et Salieri,
éd. L'âge d'homme, 1981.

Théâtre et cinéma

Dès le XIXᵉ siècle, Mozart devient un personnage de théâtre. Inévitablement, l'écran se devait de l'accaparer. Mais toujours, fiction et réalité se mêlent de façon troublante.

Amadeus de Milos Forman, adapté de la pièce de Peter Schaffer : un succès international.

Le Mozart de Reynaldo Hahn et Sacha Guitry : la plus pure fantaisie.

Avec son *Don Giovanni*, en 1979, Joseph Losey relançait la mode du film d'opéra, et Ruggero Raimondi devenait l'idole du public.

François Périer (Salieri), Roman Polanski (Mozart) et Sonia Vollereaux (Constance) dans l'adaptation française d'*Amadeus*.

Année	Mozart	Littérature	
1756	26 janvier : naissance à Salzbourg		
1762	Premiers voyages (Munich, Vienne) ; premières pièces pour clavecin	*La Princesse Turandot* (Gozzi) ; *l'Émile* (Rousseau) ; *le Contrat social* (Rousseau) ; *le Neveu de Rameau* (Diderot)	
1765	*1re Symphonie KV 16*	*Les Confessions* ($\rightarrow$ 1770) (Rousseau)	
1768	*Bastien et Bastienne* (Vienne)	Naissance de Chateaubriand	
1769	Premier départ vers l'Italie (11 décembre)		
1770	Membre de l'académie philharmonique de Bologne *Premier quatuor à cordes KV 80* ; *Mithridate* (Milan)	Naissance de Hegel *Système de la Nature* (d'Holbach)	
1771	*Ascanio in Alba* (Milan) Mort de Sigismund von Schrattenbach		
1772	Élection de Colloredo *Symphonies n°s 15 à 21* ; *Lucio Silla* (Milan)	*De l'Homme* (Helvétius), posth.	
1773	Retour à Salzbourg *Exsultate, jubilate* ; *Quatuors n° 2 à 7* (Italie) ; *Quatuors n° 8 à 13* (Vienne) ; *Concerto pour clavier n° 5* ; *Symphonie n° 25* (Salzbourg)	*Jacques le Fataliste* (Diderot)	
1774	*Symphonie n° 29* ; *Sonates pour clavier n° 1 à 5* (Salzbourg)	*Werther* (Goethe)	
1775	*La Finta giardiniera* (Munich) ; *Concertos pour violon n° 1 à 5* (Salzbourg)	*Le Barbier de Séville* (Beaumarchais)	
1776	*Sérénade « nocturne » KV 239* ; *Sérénade « Haffner »* (Salzbourg)	*Sturm und Drang* (Klinger) , *les Rêveries du promeneur solitaire* (Rousseau)	
1777	*Concerto pour clavier n° 9 « Jeunehomme »* (Salzbourg) Démissionne de son poste de Konzertmeister ; départ accompagné de sa mère ; Munich, Mannheim (30 octobre)	*L'École de la médisance* (Sheridan)	
1778	Voyage à Kirchheim-Boland ; amour pour Aloysia Weber ; arrivée à Paris (23 mars) *Concerto pour flûte et harpe* ; *Symphonie n° 31 « Paris »* ; *sonates pour clavier n° 8, n° 11 « Marche turque »* Mort d'Anna Maria, mère de Mozart, à Paris, le 3 juillet	Mort de Voltaire ; mort de Rousseau	
1781	*Idoménée* (Munich) ; *Sérénade n° 10 « Gran partita »* (Munich/Vienne) Rejoint Colloredo à Vienne ; rupture avec Colloredo	*Les Brigands* (Schiller) ; *Critique de la raison pure* (Kant)	
1782	Adapte des fugues de Jean-Sébastien Bach ; *l'Enlèvement au Sérail* (Vienne) ; *Symphonie n° 35 « Haffner »* (Vienne) Épouse Constance Weber (4 août) Premier des *Six quatuors dédiés à Haydn*	*Les Liaisons dangereuses* (Laclos)	

Musique	Arts plastiques	Histoire
		Début de la guerre de Sept Ans
Orfeo ed Euridice (Gluck)		Début du règne de Catherine II de Russie
	Soufflot commence la construction du Panthéon	Joseph II empereur germanique
Symphonie « la Passione » (Haydn)		La France achète la Corse
		Naissance de Napoléon
Naissance de Beethoven *Armida abbandonata* (Jommelli)	Mort de Boucher	
	La Charrette de foin (Gainsborough)	
Quatuors « du soleil » (Haydn)		Premier partage de la Pologne
L'Infedeltà delusa (Haydn)		
Iphigénie en Aulide (Gluck)		Début du règne de Louis XVI
		Déclaration d'Indépendance des États-Unis
Armide (Gluck)	Tombeau du maréchal de Saxe à Strasbourg (Pigalle)	
	Mort de Piranese	
Iphigénie en Tauride (Piccini)		
Le Barbier de Séville (Paisiello)		Fondation du centre métallurgique du Creusot

Année	Mozart	Littérature	
1783	Messe en ut mineur KV 427 ; Symphonie n° 36 « Linz » (Linz)		
1784	Concertos pour clavier n° 14 à 18 Entre dans la franc-maçonnerie	Le Mariage de Figaro (Beaumarchais)	
1785	Dernier des Six quatuors dédiés à Haydn. Concertos pour clavier n° 20 et 21 ; Musique maçonnique funèbre	Hymne à la Joie (Schiller) ;	
1786	Les Noces de Figaro (Vienne) Trio « des quilles » ; Symphonie n° 38 « Prague »		
1787	Voyage à Prague Quintettes à cordes KV 515 et 516 (Vienne). Mort de Leopold (28 mai) Sérénade n° 13 « Petite Musique de nuit » (Vienne) ; Don Giovanni (Prague)	Don Carlos (Schiller) ; Paul et Virginie (Bernardin de Saint-Pierre)	
1788	Concerto pour clavier n° 26 « du couronnement » (Vienne) ; création viennoise de Don Giovanni ; Symphonies n°s 39, 40, 41	Critique de la raison pratique (Kant)	
1789	Voyage à Berlin ; Quintette pour clarinette		
1790	Cosi fan tutte (Vienne)	Faust (fragment) (Goethe)	
1791	Concerto pour clavier n° 27 (Vienne) La Clémence de Titus (Prague) ; la Flûte enchantée (Vienne) ; Concerto pour clarinette (Vienne) ; Requiem Mort le 5 décembre	Justine ou les malheurs de la Vertu (Sade) ; 1er Discours de Saint-Just	

BIBLIOGRAPHIE

Correspondance vol. 1 (1756-1776), vol. 2 (1777-1778), trad. Geneviève Geffray (Harmoniques, Flammarion) : enfin la correspondance intégrale, dans une traduction nouvelle. Mozart par lui-même Indispensable.

Philippe A. Autexier, Mozart (Musichamp l'Essentiel / Champion) : pour une première approche, mais au-delà de l'anecdote.

Jean-Victor Hocquard, Mozart (Solfèges / Le Seuil).

Wolfgang Hildeseimer, Mozart (Lattès) : parue en 1979, une première tentative pour retrouver la réalité derrière les légendes.

Brigitte et Jean Massin, Mozart (Fayard) : la biographie française de base. Orienté, mais précieux.

H.C. Robbins Landon, 1791, la dernière année de Mozart (Lattès) : le plus minutieux des reportages. Passionnant.

Essai

Jean-Victor Hocquard, Mozart, l'amour, la mort (Séguier / Archimbaud) : la somme d'une vie passée au service de Mozart.

Sur les œuvres

Jacques Chailley, la Flûte enchantée, opéra maçonnique (Laffont/Diapason) : une interprétation minutieusement argumentée.

Jean-Victor Hocquard, le « Don Giovanni » de Mozart, les Noces de Figaro, Cosi fan tutte, la Flûte enchantée, Idoménée, l'Enlèvement au sérail, la Clémence de Titus et les opéras de jeunesse (Aubier) : une série de monographies très personnelles.

Pierre-Jean Jouve, le « Don Juan » de Mozart (Bourgois) : un poète parle.

Olivier Messiaen, les Vingt-Deux Concertos pour piano de Mozart (Séguier / Archimbaud) : la musique vue par un des maîtres de l'analyse.

Rémy Stricker, Mozart et ses opéras (TEL / Gallimard) : par le plus pertinent des spécialistes d'esthétique.

Théodore de Wyzewa et Georges de Saint-Foix, W.A. Mozart, sa vie musicale et son œuvre (Bouquins / Laffont) : les pionniers.

Musique	Arts plastiques	Histoire
		Fin de la guerre d'Indépendance des États-Unis
Les Danaïdes (Salieri) ; *Richard Cœur de Lion* (Grétry)		
	Le Serment des Horaces (David)	
Œdipe à Colone (Sacchini)	*Caprici, Vedute* (Guardi)	Mort de Fréderic II de Prusse ; affaire du Collier de la reine
Iphigénie en Aulide (Cherubini) , *Démophon* (Cherubini)	Mort de Quentin de La Tour	Convocation des États généraux
Nina (Paisiello)	*Le Serment du Jeu de paume* (David)	Prise de la Bastille, déclaration des Doits de l'Homme ;
Symphonie « la Surprise » (Haydn)		Première Constitution française

Et aussi

Lorenzo Da Ponte, *Mémoires* (Mercure de France) : mieux qu'un roman

Stendhal, *Vies de Haydn, Mozart et Métastase* (Les Introuvables) : pour les curieux.

L'Avant-Scène Opéra, livrets et traductions, analyse musicale, environnement critique : un travail de très grande qualité.

F. Tranchefort, A. Lischke, M. Parouty, M. Vignal, *Guide de la musique symphonique* (Fayard) : des analyses des symphonies et des concertos à la portée de tous.

Pour les collectionneurs

Mozart die Grossen Opern mit Scherenschnitten, von Lotte Reiniger, 1987 Hellopolis, Verlag Donald Katzmann, Türingen

R. Bory, *la Vie et l'œuvre de Mozart par l'image* (Paris Édition, 1948).

E. Buenzod, *Mozart* (Rieder, 1930).

J-G Prod'homme, *Mozart raconté par ceux qui l'ont vu* (Stock, 1928).

En anglais

E. J. Dent, *The Operas of Mozart.*

C. M. Girdlestone, *Mozart and his Concertos* (Dover).

DISCOGRAPHIE

Concerto pour clarinette KV 622
Anthony Pay, Academy of Ancient Music, dir. Hogwood (Oiseau-Lyre) ; Karl Leister, Philharmonique de Berlin, dir. Karajan (EMI) : la magie de Berlin.

Concertos pour cor
Dennis Brain, Orchestre Philharmonia, dir. Herbert von Karajan (EMI) : la version la plus poétique. Historique.

Concerto pour flûte KV 313, Concerto pour flûte et harpe KV 299
Jean-Pierre Rampal, Orchestre symphonique de Vienne, dir. Guschlbauer (Erato) ; avec Lily Laskine et l'Ensemble Jean-François Paillard pour le *Concerto pour flûte et harpe* (Erato) : à la gloire de Rampal.

Concertos pour piano
Intégrales : English Chamber Orchestra, Daniel Barenboïm (EMI) ; English Chamber Orchestra, Murray Perahia (CBS) : Deux artistes au sommet.

Concertos pour violon KV 207,211,216,218, 219
Intégrales : Itzhak Perlman, Orchestre

philharmonique de Vienne, dir. Levine (DG) ; Josef Suk, Orchestre de chambre de Prague, dir. Hlavacek (Supraphon / Eurodisc) :

Così fan tutte
Schwarzkopf, Merriman, Otto, Simoneau, Panerai, Bruscantini, Orchestre Philharmonia, dir. Karajan (EMI) : la verve italienne de *Così* et la jeune Schwarzkopf.

Don Giovanni
Schwarzkopf, Sutherland, Sciutti, Waechter, Taddei, Alva, Cappuccilli, Orchestre Philharmonia, dir. Carlo Maria Giulini (EMI) : la version la plus équilibrée, qui n'oublie ni le *dramma* ni le *giocoso*.

L'Enlèvement au sérail
Rothenberger, Popp, Gedda, Unger, Frick, Orchestre philharmonique de Vienne, dir. Krips (EMI) : humour et tendresse, dans la grande tradition viennoise.

La Flûte enchantée
Dermota, Seefried, Kunz, Lipp, Loose, Orchestre philharmonique de Vienne, dir. Karajan (EMI) : un miracle de poésie.
Salminien, Blochwitz, Hampson, Grubererova, Bonney, Scharinger, Schmid, Keller, Orchestre de l'Opéra de Zurich, dir. Harnoncourt (Teldec) : la musique avant tout.

Idoménée
Hollweg, Schmidt, Palmer, Yakar, Equiluz, Orchestre Mozart de l'Opéra de Zurich, dir. Harnoncourt (Teldec) : l'opéra *seria* transfiguré par une direction vivante et théâtrale.

Messe en ut mineur KV 427
Hendricks, Perry, Schreier, Luxon, Orchestre philharmonique de Berlin, dir. Karajan (DG) : un moment d'éternité.

Les Noces de Figaro
Della Casa, Güden, Danco, Poell, Siepi, Corena, Orchestre philharmonique de Vienne, dir. Kleiber (Decca) : un chef inspiré et une véritable équipe, mais ne pas oublier Karajan (avec Schwarzkopf) et Muti (tous deux EMI).

Quatuors à cordes
Intégrale : Quatuor Amadeus (DG) : un moment de pure beauté.

Quintettes à cordes KV 174, 406, 515, 516, 593, 614
Intégrale : Quatuor de Budapest, Walter Trampler (CBS) : interprétation quasi parfaite.

Requiem
Stich Randall, Malaniuk, Kmentt, Böhm, Orchestre symphonique de Vienne, Böhm (Philips) : la première version gravée par Karl Böhm, la plus humaine.

Sérénade « Haffner » KV 250
Staatskapelle Dresde, dir.Harnoncourt (Teldec).

Quintette pour clarinette KV 581
François Étienne, Quatuor Vegh (EMI) : émouvant hommage à l'un des plus grands instrumentistes français.

Sérénade n° 10 pour treize instruments à vent KV 361
Ensemble de vents Mozart de Vienne, Nikolaus Harnoncourt (Teldec) : le panache, l'énergie, l'intensité d'un chef qui dérange et bouleverse les traditions.

Sonates pour piano
Intégrale : Daniel Barenboïm (EMI).
Versions isolées : Maria Joao Pires, Mitsuko Uchida, Clara Haskil, Paul Badura-Skoda, Claudio Arrau, Alfred Brendel, Edwin Fischer.

Sonates pour violon et piano n°s 32 et 33, n°s 24, 20 et 30, n°s 25 à 28
Daniel Barenboïm, Itzhak Perlman (DG) : l'entente cordiale.

Symphonies
Intégrale : Academy of Ancient Music, dir. Schröder, Hogwood (Oiseau Lyre) : le bilan des recherches les plus récentes, mais cette réussite d'ensemble n'oblitère en rien les témoignages plus traditionnels laissés par Otto Klemperer, Bruno Walter, Karl Böhm, Eugen Jochum, Georg Szell...

TABLE DES ILLUSTRATIONS

CHAPITRE II

CHAPITRE III

Bibliothèque Publique
d'Embrun

INDEX

0 7 DEC 1988

COLLABORATEURS EXTÉRIEURS

Maquette des Témoignages et Documents : **Christophe Saconney**, lecture-correction : Pierre Granet.

REMERCIEMENTS

Nous remercions pour leur gracieuse collaboration : le Mozarteum de Salzbourg et le Musée Municipal de Salzbourg, André Tubœuf, Christian Ivaldi et Augustin Dumay, Any-Claude Medioni.

CRÉDITS PHOTOGRAPHIQUES

Archiv für Kunst und Geschichte, Berlin 12, 13, 14/15, 24, 26h, 27h, 32h, 36h, 37hg, 37hd, 46b, 50, 51, 58, 66, 68/69h, 91h, 95, 96/97, 98, 100, 107, 108/109, 109, 110b, 112, 120/121, 122/123, 124/125, 130, 142, 159, 161. Artephot/Bibl. nat., Paris 94b. Artephot/Mandel, Paris 152. Artephot/Nimatallah, Paris 20/21, 21, 22/23. Artephot/O'Hana, Paris 53h, 53b. Artephot/Percheron 54/55. Bibl. nat., Paris 74b, 126/127h, 151. Bulloz, Paris 134. Cahiers du Cinéma, Paris 176/177, 180h, 181h, 181bg. Charmet, Paris 24/25. Dagli-Orti, Paris 18, 26b, 31, 36/37, 49, 67, 73h, 92/93, 102/103, 104, 104/105, 116/117, 118b, 119h, 121, 127, 145. Droits réservés, 59, 60/61, 62/63, 68, 71h, 72/73b, 73b, 77d, 78, 84, 86-89, 97, 117b, 118h, 150, 171. Édimedia, Paris 72/73h. Enguerand, Paris 137, 162, 163, 174, 181bd. Enguerand/I. de Rouville, Paris 175. E.T. Archive, Londres 15, 48, 60, 61, 91b, 93. Explorer /archives, Paris 30b, 94h, 110h. Fayer, Vienne 172. Giraudon, Paris, 27b, 33, 100/101, 115 h. Giraudon/Lauros, Paris 70. Heliopolis Verlag, Tübingen 1/9, 166, 117h. Magnum/Erich Lessing, Paris Premier plat, 14, 16, 17, 38, 52, 68/69b, 71b, 80/81, 99, 106, 113, 114, 119b. Mozarteum, Salzbourg 17, 19, 35, 139. Musée Carnavalet, Paris 78/79. Musée municipal, Salzbourg 64, 105, 131, 148. Österreichischen Nationalbibliothek, Vienne 101. Réunion des Musées nationaux, Paris 28/29, 39, 44/45, 63, 76, 77. Roger-Viollet, Paris 30h, 34, 40/41, 46h, 54h, 126/127b, 133, 136/137, 146, 155, 164, 165, 167, 170. Roger-Viollet/Lipnitzki, Paris 180b. Royal College of Music, Londres 140. Scala, Florence 11, 32/33, 42, 43h, 43b, 47, 56/57, 85, 90. Top/J.-P. Charbonnier, Paris 168, 169.

Table des matières